Sigrid Heuck
Zum Beispiel Colleen

*Und Allah nahm
eine Handvoll Südwind,
hauchte ihm seinen Atem ein
und erschuf so das Pferd.*

Beduinen-Legende

Die Autorin:

Sigrid Heuck wurde 1932 in Köln geboren. Sie besuchte die Akademie der Bildenden Künste in München und machte sich anschließend als freiberuflich arbeitende Graphikerin selbständig. Sigrid Heuck kam über die Illustration zum Schreiben, weil es ihr mehr Spaß machte, eigene Texte auszustatten. Ihr erfolgreichstes Bilderbuch ist ›Pony, Bär und Apfelbaum‹. Viele ihrer Kinder- und Jugendbücher wurden in fremde Sprachen übersetzt und mit internationalen Preisen ausgezeichnet. 1990 erhielt sie den Großen Preis der Deutschen Akademie für Kinder- und Jugendliteratur, Volkach. Weitere Titel der Autorin: ›Maisfrieden‹, ›Saids Geschichte oder Der Schatz in der Wüste‹, ›Meister Joachims Geheimnis‹ (Österreichischer Jugendbuchpreis), ›Die Windwette‹, ›Die alte Mühl‹ und ›Western-Lizzy‹.
Titel von Sigrid Heuck bei dtv junior: siehe Seite 4

Sigrid Heuck

Zum Beispiel Colleen

Eine Pferdegeschichte

Deutscher
Taschenbuch
Verlag

Von Sigrid Heuck sind außerdem bei dtv junior lieferbar:
Mondjäger, Band 70223
Der schlaue Rico. Lustige Pony- und Eselgeschichten, Band 70251

Ungekürzte Ausgabe
März 1992
3. Auflage April 1994
Deutscher Taschenbuch Verlag GmbH & Co. KG, München
© 1985 K. Thienemanns Verlag, Stuttgart – Wien
ISBN 3-522-13950-X
Umschlaggestaltung: Celestino Piatti
Umschlagbild: Alexander Schütz unter Verwendung eines Fotos
von Peter Kuhlmann
Gesetzt aus der Aldus 10/12·
Gesamtherstellung: Kösel, Kempten
Printed in Germany · ISBN 3-423-70249-4

Inhaltsverzeichnis

Das 1. Kapitel steht anstelle eines Vorworts. In ihm führe ich zwei Telefongespräche.

Eines Tages klingelte bei mir das Telefon. Ich lag gerade draußen auf der Wiese im Liegestuhl und beobachtete die Wildenten auf dem Weiher. Das Klingeln des Telefons störte sie nicht. Es stand mit der Zwölf-Meter-Schnur neben mir im Gras.

»Ja«, sagte ich. Ich sage immer nur ja, denn unter meiner Nummer gibt es nur mich. Sonst niemand.

»Frau Heuck, sind Sie's?«

»Ja.« Wer sollte es sonst sein.

»Arbeiten Sie?«

»Ja.« Immer schon kommen mir die besten Einfälle, wenn ich auf der Wiese oder in der Badewanne liege und nichts tue. Das verstehen nur wenige Leute, aber das ist mir gleich.

Am Telefon war der Lektor meines Verlages. (Ein Lektor setzt die Kommas, die man vergessen hat, bringt einem höflich bei, wenn das, was man geschrieben hat, schlecht ist, und außerdem regt er einen an, etwas mehr zu arbeiten.)

»Frau Heuck?«

»Ja.«

»Schreiben Sie uns ein Pferdebuch.«

»Um Gottes willen! Noch eines!«

»Es soll anders als die anderen werden.«

»Anders? Inwiefern? Pferdebücher handeln doch immer von Pferden.«

»Ich meine anders als ein Buch wie ›Britta reitet zum großen Sieg‹.«

Ich wußte sofort, was er damit meinte. Es sollte keine

Geschichte werden wie die, in der im Frühling ein Mädchen ein lahmes Pferd vor dem Schlachten rettet, es gesund pflegt, um dann im Herbst ein großes Rennen mit ihm zu gewinnen.

»Das kann ich nicht«, sagte ich. Die Wahrheit war, daß ich keine Lust dazu hatte, das neunhundertneunundneunzigste Pferdebuch zu schreiben. Man wird so schnell zur »Pferde«-Autorin.

»Wie schade!« seufzte der Lektor auf der anderen Seite der Leitung. »Alle Welt schreit nach Pferdebüchern. Und ich wollte mal eins herausbringen, das anders ist.«

Es tat mir leid. Aber wenn ich zu etwas keine Lust habe, dann fällt mir auch nichts ein.

»Vielleicht später einmal«, versuchte ich ihn zu trösten und hängte ein.

Die Wildenten auf dem Weiher hatten Junge. Die kleinen braunen Küken paddelten in Kiellinie hinter der Mutter her, die sie, ängstlich das offene Wasser meidend, in der Nähe der Uferböschung hielt. Bei Gefahr huschten sie unter die dicken Grasbüschel und waren verschwunden.

Die Sonne stand über den Fichten auf der Westseite des Grundstücks. Ihre Schatten näherten sich unaufhaltsam meinem Liegestuhl. Kurz bevor sie mich erreichten, fiel mir Colleen ein.

Colleen heißt meine alte Connemaraponystute. Außerdem gibt es noch Cashel, ihre Tochter, Begonia, die peruanische Pasostute, und seit kurzem Begonias Tochter Benisa.

Colleen ist die ungekrönte Königin in meinem Stall. Sie hat ein hinreißendes Gesicht und einen Senkrücken, außerdem noch eine Menge anderer Unkorrektheiten. Aber sie hat den schwungvollsten Trab, den ich jemals bei einem Pony ihrer Rasse gesehen habe, obwohl sie mindestens viermal eine Huflederhautentzündung überstehen mußte. Ihr Fell ist ein mit Fliegenpunkten durchsetztes Weiß, und ihr Schweif und ihre Mähne waren lange Zeit dunkel. Colleens Leben verlief anders als die Pferdeleben in den üblichen Pferde-Mädchenbüchern. Deshalb nahm ich den Telefonhörer wieder zur Hand und wählte schweren Herzens (ich telefoniere schrecklich ungern) die Nummer des Verlags.

»Hier Sigrid Heuck.«

»Ja?«

»Ich hätte vielleicht eine Pferdegeschichte für Sie.«

»Prima.«

»Zum Beispiel eine Lebensbeschreibung meiner Stute Colleen.«

Und dann erzählte ich ihm, was ich mir ausgedacht hatte. Er war sofort einverstanden, und es fiel mir ziemlich schwer, ihn davon zu überzeugen, daß er noch eine Weile warten mußte. Da war erst noch dieser Vertrag zu erfüllen und dann jener, aber dann würde ich mich bestimmt dransetzen.

Dann bestimmt.

Im 2. Kapitel wird von einer Haflingerstute und von Irland die Rede sein.

Die Sache mit Colleen begann langsam.

Ich hatte mir von meinem ersten selbstverdienten Geld eine hübsche Haflingerstute gekauft. Sie war eine gute Zuchtstute, aber stinkend faul. Jedesmal wenn der Reiter im Gelände einen Galopp von ihr verlangte, zeigte sie ihm nach spätestens zehn Galoppsprüngen, daß sie dieses Tempo eigentlich als eine Zumutung empfand. Sie fiel in Trab und wäre nur mit der Peitsche wieder zum Angaloppieren zu bringen gewesen. Weil ich die Peitsche aber nicht gerne benütze, ritten wir meist im Schritt durch die Gegend. Doch ab und zu, wenn ich einen schönen, geraden Wiesenweg vor mir sah, überkam es mich, ihn hinunterzugaloppieren, und dann tat es mir jedesmal sehr leid, daß meine Haflingerstute und ich über das gewünschte Tempo verschiedener Ansicht waren.

Nun war in meinem Bekanntenkreis ein junges Ehepaar – Thomas und Ute –, das schon seit vielen Jahren seinen Urlaub in Irland verbrachte.

»Dort gibt es wunderschöne, sehr große Ponys«, erzählte mir Ute. »Sie erreichen eine Höhe von 148 cm am Widerrist gemessen und können von Erwachsenen geritten werden. Sie sind schnell und springen gern. Eines von ihnen hat schon einmal eine Silbermedaille auf einer Olympiade gewonnen.«

Damals hatte kaum jemand in Mitteleuropa schon etwas von Connemaraponys gehört. Die Landschaft Connemara liegt an der wild zerklüfteten Westküste Irlands. Es gibt nur wenig Vegetation dort, dafür aber viel Wind und Regen.

»Die Leute dort glauben, daß vor langer Zeit spanische Schiffe vor der Küste gestrandet sind«, fügte Thomas hinzu.

»Die Pferde, die auf den Schiffen waren, hätten schwimmend das Ufer erreicht. Und weil sie den Iren gut gefielen, kreuzten sie sie mit ihren Pferden. Auch heute noch sieht man fast allen Connemaraponys ihre arabischen und andalusischen Vorfahren an.«

Dieser Bericht traf einen Nerv bei mir. Ich war mit arabischen Pferden aufgewachsen, und das hatte mich geprägt. Ihre Klugheit und ätherische Schönheit hatten es mir angetan, und das wird wohl mein Leben lang so bleiben.

Nur leisten konnte ich sie mir nicht.

Und deshalb fing ich an, meine Ersparnisse zusammenzukratzen, als das junge Ehepaar mir vorschlug, mit ihnen nach Irland zu fahren und einige Fohlen zu kaufen.

Für ein Connemarafohlen würde mein Geld reichen. Mit den beiden, die Thomas und Ute kaufen wollten, und noch zwei Fohlen für andere Freunde würden es fünf sein. Das würde den Transport verbilligen.

Und so machten wir uns auf den Weg.

Ich packte das Zelt in meinen alten VW und fuhr nach Irland. Das war eine ziemlich mühsame Unternehmung. Damals gab es noch keine direkte Fährverbindung vom Kontinent hinüber. Ich fuhr nach Ostende und ließ mich von dort mit der Fähre nach Dover übersetzen. Dann mußte ich mich um London herumquälen und kurvte schließlich durch das schöne Wales bis zum Ende der englischen Welt, nach Holy Head. Von Holy Head brachte mich die Fähre über die irische See nach Dublin.

Am dritten Donnerstag im August sollte in Clifden, mitten im Herzen der Connemara, ein großer Pferdemarkt stattfinden.

Dort wollte ich mich mit meinen Freunden treffen.

Aber bis dahin hatte ich noch etwas Zeit.

Ich fuhr also durch Irland, vorbei an kleinen, strohgedeckten Hütten und efeuüberwachsenen Burgruinen. Niedere Steinmäuerchen zerhackten das Land in kleine Stücke, und ich mußte mehr als einmal Schafe und Esel wecken, weil sie sich mitten auf der Straße niedergelassen hatten und eingeschlafen waren. In Parks voller uralter Bäume ruhten aus Naturstein erbaute Herrenhäuser. Übermannshohe Rhododendronbüsche säumten die Einfahrten. Der Wind zerrte an niederen Krüppelkiefern, und in den schwarzen, moorigen Tümpeln spiegelten sich große Findlingsblöcke. Ich sah mir keltische Hochkreuze an und alte Priestertürme, Runensteine und verfallene Klöster. Ein paar Tage verbrachte ich auf einer Farm, die Freunden gehörte, ritt am Ufer entlang, manchmal auch ins Wasser, hockte am Abend vor dem Kaminfeuer und las irische Märchen. Von Fionn McCumhaill, dem Helden, las ich, von Grainne, der Königstochter, und Diarmuid, dem Freund. Es waren grausame Märchen. Sie handelten von Kriegen, Armut und Hunger. Sie waren hart und karg wie das Land, in dem sie spielten. Ab und zu ging ich auch in Pubs, nur um festzustellen, daß mir das dunkle irische Bier nicht schmeckte, und daß die irischen Balladen, die fast überall gesungen werden, zu den schönsten Volksliedern der Welt gehören. So schnell der Wind die Regenwolken von Westen her über das Land jagte, so schnell vertrieb er sie auch wieder. Dann standen über den Hügeln oft mehrere Regenbögen gleichzeitig.

Überall dort, wo auf den Weiden neben der Straße Stuten mit Fohlen oder Jungpferden grasten, hielt ich an und betrachtete sie.

Manchmal fragte ich auch den Besitzer, ob er eines von ihnen verkaufen würde, aber entweder wollte er nicht, oder der Preis war zu hoch. Es half alles nichts: Ich mußte bis zum dritten Donnerstag im August warten.

Schließlich war ich schon zwei Tage vorher da, und es ergab sich, daß in unmittelbarer Nähe der von meinen Freunden gemieteten Hütte eine zweite Hütte zu mieten war.

»Das Dach ist ein bißchen undicht«, sagte Martin Conneely, dem das Haus gehörte. »Es ist ziemlich feucht, aber der Torf reicht, um ein Feuer zu machen.«

Also zog ich ein.

Ich lernte, ein Torffeuer zu erhalten, holte in einer nahegelegenen Quelle Wasch- und Teewasser und spannte mein Zelt im Inneren der Hütte auf, weil Martin Conneely in bezug auf das Dach wirklich nicht übertrieben hatte. Da halfen auch die vielen Heiligenbildchen nichts, die unter den Dachsparren steckten.

Ab und zu ließen sich Kellerasseln von der Decke fallen, aber das durfe einen nicht stören.

Die Luft schmeckte nach Salz, Algen und verbranntem Torf, und der Wind verfing sich heulend im Kamin. Nachdem ich meine Campinglampe gelöscht hatte, rauschte mich die Brandung in den Schlaf.

Das 3. Kapitel handelt von einem Pferdemarkt.

Natürlich war ich an diesem dritten Donnerstag im August viel zu früh auf dem Marktplatz in Clifden. Das Wetter war, wie es in Irland meistens ist: Mal regnete es, mal schien die Sonne. Ich war ziemlich aufgeregt, und meine Freunde versuchten, mich zu beruhigen. Sie hatten sich schon früher entschieden. Zwei Jährlingsstuten gehörten ihnen, eine große, etwas grobknochige braune und eine dunkelgraue.

Es dauerte ziemlich lange, bis sich alle Besitzer mit ihren Pferden auf dem Ausstellungsplatz eingefunden hatten, und danach noch einmal eine halbe Ewigkeit, bis die ersten Fohlenjahrgänge in den Ring geführt wurden. Jeder Züchter hoffte auf eine gute Plazierung. Bevor die Jury ihr Urteil bekanntgegeben hatte, ließ keiner mit sich reden.

Wenn überhaupt, dann wurden die Preisträger nur sehr teuer verkauft, und da sich jeder einen Preis erhoffte, bedeutete das für mich nur warten, warten und nochmals warten. Ich lief zwischen Menschen und Pferden herum, stolperte über Kinder und müde Saugfohlen. Mitten im Getümmel entdeckte ich ein in unerschütterlicher Ruhe dastehendes, zierliches graues Fohlen.

»Wieviel soll es kosten?« fragte ich den Mann, der das Pferd hielt.

»Einhundertfünfzig Pfund.«

Es hatte die Katalognummer siebenundfünfzig: Stute, ein Jahr alt, Vater Clonkeehan Auratum, Mutter Truska Molly, Besitzer John McDonnell, Louisburgh.

»Einhundertfünfzig sind mir zuviel«, sagte ich. Es war doppelt soviel, wie ich ausgeben konnte. Und außerdem war die Stute ziemlich klein.

»Wie groß wird sie sein, wenn sie ausgewachsen ist?« fragte ich.

Der Mann zuckte mit den Schultern. »Dreizehn zwei, vielleicht dreizehn drei«, erwiderte er. In Irland werden die Pferde in hands gemessen. In hands und inches. Ein hand war etwa soviel wie zehn Zentimeter und ein inch ungefähr zwei komma fünf.

Ich rechnete nach. Sie würde zu klein für mich sein. Schade. Es ging schon gegen Mittag. Die Prämierung der Pferde und der Schafe war beendet. Der große Ring war leer. Überall wurde gehandelt. Draußen auf der Straße schrie ein Losverkäufer: »Kaufen Sie ein Los! Es wird Ihr Glück sein!« Und dann wiederholte er immer wieder: »Ihr Glück! Ihr Glück! Ihr Glück!«

Die kleine Stute war müde. Sie hatte jedes Interesse an ihrer Umwelt verloren und schlief im Stehen. Ihr Kopf sank langsam nach unten. Sie gefiel mir. Aber einhundertfünfzig irische Pfund waren zuviel.

»Sie hat den ersten Preis bekommen«, sagte der Mann, der mein Interesse bemerkte. »In Louisburgh auf der Landwirtschaftsschau.« Er zog eine zerknitterte rote Schleife aus der Jackentasche und steckte sie der Stute ans Halfter. Für einen Moment öffnete sie die Augen. Dann schlief sie wieder ein. Die Schleife in ihrem Nasenriemen wirkte ein wenig lächerlich.

Ich ging weiter. Es hatte keinen Sinn. Die kleine Stute war ungeeignet für mich.

Über dem Gemurmel der Leute, ängstlichem Wiehern und dem Blöken der Schafe schwebte das monotone Gefiedel der Geigen. Versunken tanzten drei kleine Mädchen auf einem Podium alte Tänze. Sie bemerkten nicht die Menge der Menschen und Pferde. Sie beachteten nicht die aufmunternden Zurufe ihrer Verwandten oder das Geschrei des Losverkäufers. Ihre Augen blickten ins Leere. Nur die

Geigen waren wichtig. Die Geigen gaben den Takt an. Mit ruhigem Oberkörper und herabhängenden Armen tanzten die kleinen Mädchen auf der Stelle. Ihre Füße wirbelten auf und ab, steppten und klapperten nach geheimnisvollen Regeln. Für die Einwohner der kleinen Stadt war dieser Wettbewerb ebenso wichtig wie die Prämierung der Tiere, der Feldfrüchte oder der Handarbeiten.

»Hat John McDonnell Ihnen das Pferd nicht verkauft?« sprach mich der Tierarzt an. Ich hatte mich mit ihm wegen des später auszustellenden Gesundheitsattestes in Verbindung gesetzt.

»Es war mir zu teuer«, antwortete ich.

»Hoffentlich finden Sie das Richtige«, sagte er.

»Ihr Glück! Ihr Glück! Ihr Glück!« schrie der Losverkäufer.

Der Wind trug den Klang seiner Stimme in Stößen über den Platz. Einige Touristen machten sich über die ausgestellten Sachen lustig. Kuchen lagen da und Gläser mit Marmelade, Gemüse und handgestrickte Pullover, kleine Schüsseln mit frischen Eiern oder Kartoffeln und Spitzendeckchen. Mrs. Eileen Hynes hatte einen Preis für ihre Butter bekommen, und die Benediktinerinnen aus der Kylemore Abbey siegten mit den Tomaten aus ihrem Klostergarten.

Wieder machte ich mich auf die Suche nach einem Fohlen. Gestern war mir in den Klippen eine Stute begegnet. Sie hatte ein Saugfohlen und einen Jährling bei sich gehabt. Bei der Prämierung hatte ich den Jährling wiederentdeckt.

Katalognummer zweiundsechzig: Stute, ein Jahr alt, Vater Dun Lorenzo, Besitzer Sean O'Toole, Clifden. Sie war mager. Das karge Gras zwischen den Steinen hatte zuwenig Kraft für ein heranwachsendes Pferd. Doch unter dem stumpfen, windzerzausten Fell verbarg sich die Schönheit ihrer Ahnen.

»Wird das Fohlen verkauft?«

»Ja«, sagte Sean O'Toole.

»Für wieviel?«

»Einhundertfünfzig.«

»Es hat einen weichen Rücken.«

»Hundertfünfzig und kein Pfund weniger.«

»Achtzig«, sagte ich.

»Kein Pfund weniger. Sonst nehme ich es wieder mit heim.«

Sean O'Toole war arm und stolz. Er wohnte in einer kleinen, strohgedeckten Hütte unten am Strand. Ich hatte ihn gestern dabei beobachtet, wie er seine Schafe zusammentrieb.

Auf einmal stand John McDonnell neben mir.

»Wenn Sie wollen, gebe ich Ihnen mein Stutfohlen für hundert«, sagte er schnell. In seinem Gesicht stand die Angst, ich könnte das O'Toole-Fohlen kaufen. »Wissen Sie, im vergangenen Jahr hatte ich Pech«, fuhr er fort. »Als man mir hundert Pfund für ein Stutfohlen geben wollte, lehnte ich ab und verkaufte es für hundertfünfzig an einen Engländer.«

»Das war doch gut so«, sagte ich.

»Nein, das war es nicht. Ich habe bis heute noch keinen Cent von der Kaufsumme gesehen. Wenn Sie die graue Stute wollen, gebe ich sie Ihnen für hundert. Sie wird ein gutes Springpferd.«

Das wird sie nicht, dachte ich. Dazu war ihre Hinterhand zu steil, und die Sprunggelenke waren zu wenig ausgeprägt.

»Achtzig«, sagte ich laut. Die Heimfahrt mit dem Pferd würde viel Geld kosten.

»Das ist mir zuwenig«, erwiderte John McDonnell. »Das ist zuwenig für ein Stutfohlen, das in Louisburgh einen Preis gewonnen hat.« Er drehte sich um und ging zu seinem Pferd zurück, das von einem kleinen Jungen gehalten wurde.

Er war besser gekleidet als die Männer wie Sean O'Toole. Es sah so aus, als sei er auf das Geld nicht angewiesen. Er wird ein Haus mit einem festen Dach haben. Vielleicht besaß er sogar einen Laden, und der Handel mit Pferden war nur eine Nebeneinnahme. Louisburgh war ein kleines Nest weiter im Norden. John McDonnell war dort sicher ein angesehener Mann. Die Sache mit dem Engländer hatte ihn getroffen.

»Kaufen Sie lieber mein Pferd. Es ist besser als seines«, sagte Sean O'Toole. Sein zahnloser Mund öffnete sich zu einem Grinsen.

»Nein. Für hundertfünfzig hat es einen zu weichen Rücken«, sagte ich.

John McDonnell war wieder bei seinem Pferd angekommen. Er nahm dem Jungen den Strick aus der Hand. Müde hockte er sich auf den Boden. Die kleine Stute schlief immer noch.

Inzwischen hatte sich der Wind gedreht. Er kam jetzt vom Meer und brachte den Geruch nach faulen Fischen mit. Es wurde spät. Ich mußte mich beeilen. Einige Händler hatten den Platz schon wieder verlassen. Ich fragte den Besitzer eines kräftigen gelben Jährlings: »Verkaufen Sie?«

»Nein.«

Es begann zu regnen. Für kurze Zeit verstummte die Stimme des Losverkäufers, und die kleinen Mädchen drängten sich ängstlich in einer Ecke ihres Podiums zusammen. Im Nu war der Platz fast leer. Die Männer suchten mit ihren Pferden im Windschatten der Einfassungsmauer Schutz.

John McDonnell hatte den Kragen seiner Jacke hochgestellt. Er und die kleine Stute ergaben sich in ihr Schicksal. Sie würden naß werden, und später würde die Sonne alles wieder trocknen. So war das eben. Da konnte man nichts ändern.

So plötzlich der Regen begonnen hatte, so schnell hörte er auch wieder auf. Der Wind trieb die Wolken fort. Die Leute kamen unter den Ständen hervor, und der Losverkäufer begann von neuem: »Kaufen Sie ein Los! Es ist Ihr Glück! Ihr Glück! Ihr Glück!«

Ich sah Mister Kelly über den Platz gehen. Er sprach zuerst mit einem Mann aus Ballyconneely und dann mit Sean O'Toole. Allmählich mußte ich mich entscheiden. Das Geschrei der Männer, die ihre Pferde verluden, machte mich unruhig.

Katalognummer siebenundfünfzig: Stute, ein Jahr alt, Vater Clonkeehan Auratum, Mutter Truska Molly, Besitzer John McDonnell, Louisburgh. Ich machte mich auf die Suche. Auf dem Podium tanzten wieder die kleinen Mädchen. Sie bemerkten nicht, daß der Regen ihre Zuschauer vertrieben hatte. Sie tanzten vor einem Stück leerer Wiese. In einer Ecke kauerte ein kleiner Junge auf einem Pony und schlief, während sein Vater sich mit einigen Männern unterhielt. Mitten in einer Gruppe anderer Pferde entdeckte ich die kleine graue Stute wieder. Sie war jetzt munter und spitzte die Ohren. Die Schleife an ihrem Nasenriemen war naß geworden. Von ihren kümmerlich herabhängenden Enden tropfte rotgefärbtes Wasser auf den Boden. Ich nahm mir ein Herz.

»Achtzig«, sagte ich.

»Neunzig«, antwortete John McDonnell grinsend. »Aber sagen Sie es nicht meiner Frau!«

Ich tat, als wollte ich gehen. »Das ist zuviel. Sie bleibt klein.«

»Ihre Mutter war vierundzwanzig Jahre alt, als sie geboren wurde. Und wenn sie sich nicht vor einem halben

Jahr ein Bein gebrochen hätte, wäre sie heute noch am Leben.«

»Fünfundachtzig?«

John McDonnell fuhr mit den Fingern durch die Mähne der kleinen Stute. Er überlegte. Die Chance, noch einen anderen Kaufinteressenten zu finden, wurde immer geringer, und die Erfahrung vom letzten Jahr hatte ihm gezeigt, daß man vorsichtig sein mußte.

»Gut«, sagte er schließlich. »Ich verkaufe sie Ihnen für fünfundachtzig Pfund. Aber ich brauche einen Scheck über hundert. Sie bekommen fünfzehn Pfund in bar zurück.« Und als ich ihn erstaunt ansah, flüsterte er mir leise zu, daß er überall herumerzählt habe, er werde das Fohlen nicht unter hundert verkaufen. Der Scheck sollte ein Beweis für seine Standhaftigkeit sein.

Das konnte er haben. Während ich schrieb, kramte er drei Fünfpfundnoten heraus.

»In Ordnung?« fragte er.

»In Ordnung«, sagte ich.

Er faltete den Scheck zusammen und schob ihn in die Brieftasche.

»Und was ist mit der Schleife?« fragte ich.

»Die muß ich behalten«, sagte er und grinste wieder. »Als Andenken.«

»Aber sie gehört doch zum Pferd?«

»Nein, nein.« Er schüttelte den Kopf. »Sie gehört dem Züchter. Sie bringt Glück.«

Jetzt begriff ich, was er mit der Schleife vorhatte. Sie würde im nächsten Jahr abermals am Nasenriemen eines Pferdes stecken, und er würde wieder jedem erzählen, daß es ein besonders gutes Pferd sei, und daß es gerade eben irgendwo einen ersten Preis gewonnen habe und daß er deshalb auch einen hohen Preis dafür verlangen müsse. Dasselbe würde im übernächsten Jahr geschehen und so

weiter, so lange, bis die Schleife ihr glaubwürdiges Aussehen völlig eingebüßt hätte.

Ich lachte.

Der Halfterstrick des kleinen grauen Stutfohlens wechselte die Hand, die ihn hielt.

Im **4.** Kapitel erhält das kleine graue Stutfohlen einen Namen.

Nachdem Mister Kelly sie untersucht hatte, nahm John McDonnell die kleine graue Stute wieder mit nach Haus. Wir hatten noch zwei andere Jährlinge gekauft. Bevor wir alle Pferde zu unseren Hütten holen konnten, von wo sie dann die Reise nach Deutschland antreten sollten, mußten wir noch eine Menge zeitraubender Formalitäten erledigen. Einmal mußte Thomas, ein anderes Mal ich den weiten Weg nach Dublin fahren, um bei der Reederei die Schiffsplätze zu buchen und alles vorzuplanen. In der Zwischenzeit ging ich viel am Strand spazieren. Zwischen den Felsen lag das stinkende Gerippe eines Wales. Ich zeichnete es. Später versuchte ich, den Schädel auf das Dach meines Volkswagens zu bugsieren. Aber er war viel zu groß und zu schwer. So begnügte ich mich damit, ein paar Rippen mitzunehmen. Eine von ihnen hängt heute noch über der Stalltüre.

Einmal überführten Thomas und ich mit John, den wir den »Fischermann« nannten, einen irischen Curragh um die Landspitze der Halbinsel Ballycoonneely in seine Heimatbucht. Ein Curragh ist ein mit Haut bespanntes und mit Teer wasserdicht gemachtes großes und sehr leichtes irisches Fischerboot. Am Heck war ein zwölf PS starker Außenbordmotor befestigt. Fünf bis sechs Meter hohe Wellen nahm das Boot damit spielend. Wichtig war nur, wie John die Welle ansteuerte und daß er, je rauher die See, um so langsamer fuhr. Besonders gefährlich waren die Kreuzseen am Sline Head. Der vorspringende Felsen mit dem Leuchtturm teilte die Strömung, und das zurückfließende Wasser prallte aufeinander. Wind und Strömung ließen die Wellen unberechenbar werden. Sie brachen sich über vielen, für uns unsichtbaren, unter der Wasseroberfläche liegenden Felsen. John mußte sehr aufpassen.

»Hat dein Fohlen eigentlich schon einen Namen?« schrie er mir zu, nachdem ich ihm von meiner kleinen grauen Stute erzählt hatte.

»Nein.«

»Dann mußt du dir bald einen einfallen lassen«, mahnte er. »Einen irischen.«

»Zum Beispiel?« fragte ich.

»Zum Beispiel Rose oder Mary«, schlug er vor. »Rose und Mary heißen viele Pferde bei uns. Aber Polly und Daisy sind auch schöne Namen.« Er überlegte angestrengt.

»Paß auf!« rief ich ängstlich, weil wieder einmal eine Riesenwelle auf den Bug des Curragh zurollte. Wir mußten ihren Kamm erreicht haben, bevor sie brach. Sonst würde es uns schlecht ergehen. Für einen kurzen Augenblick tauchte die Motorschraube aus dem Wasser. Sie drehte sich leer.

»Rainbow wäre doch ein guter Name!« schrie John ungerührt durch das Getöse.

›Rainbow‹, Regenbogen. Das war wirklich sehr schön und sehr irisch.

»Wie wär's mit einem gälischen Namen«, schlug Thomas vor.

Danach verwehte der Wind unser Gespräch.

Ein gälischer Name. Das war es. Es mußte ein gälischer Name sein. Ich stellte eine Wortliste zusammen.

Doch ich wurde mir schnell darüber klar, daß es schwer werden würde, einen gälischen Namen zu finden, der für mitteleuropäische Zungen aussprechbar wäre.

Ich lief die Buchten entlang und dachte nach. Außer einem kleinen Seehund oder aufgeschreckten Kaninchen, die, so schnell sie konnten, in einem ihrer unzähligen

Löcher verschwanden, außer schreienden Möwen oder einzelnen grasenden Ponys begegnete mir nur ein alter Fischer mit einem Sack auf dem Rücken, der mit zahnlosem Mund »Good Luck« wünschte. Wer brauchte nicht »viel Glück«?

Der Sturm zerrte an dem mageren Strandgras, als wollte er es zwingen, ihn zu begleiten.

Gälisch sollte der Name sein. Er sollte mich immer an Irland erinnern.

Wolke fiel mir ein. Blume, Fischersfrau, Welle, Brandung, Muschel, Sandkorn, Möwe, Krabbe, kleines Mädchen, Nebelfee, Windsbraut, Prinzessin.

Nachdem ich wieder in meiner Hütte angekommen war, schrieb ich alles gleich auf. Später brachte ich den Zettel Martin Conneelys Frau. Sie stammte aus der Ortschaft Cashel, und dort wurde nur gälisch gesprochen. Ich bat sie, die Übersetzungen dahinterzuschreiben.

Am nächsten Tag holte ich mir meinen Zettel wieder ab.

Die meisten Worte waren unaussprechbar. Konsonant

reihte sich an Konsonant, und selbst wenn es mir gelang, eines auszusprechen, dann konnte man es noch lange nicht rufen.

Doch auf einmal fiel mein Blick auf das Wort »Colleen«.

Es stand hinter dem Wort »Kleines Mädchen«. Klein war das Fohlen, zu klein auch für ein Connemarapony, das stimmte. Und weiblich war es auch.

Colleen, kleines Mädchen.

Es fiel mir nicht schwer, mich zu entscheiden.

Im 5. Kapitel besuche ich Colleen in Louisburgh.

Am Sonntag nach dem Markt in Clifden sollte in Louisburgh in der Grafschaft Mayo ein Pferderennen stattfinden. Ich wollte die Gelegenheit dazu benützen, John McDonnell und Colleen zu besuchen. Um nach Louisburgh zu kommen, fuhr ich von Clifden zuerst ein Stück nach Norden, dann nach Osten, am Nordhang der Twelve Bens entlang. Die Twelve Bens sind zwölf kahle Hügel, bedeckt mit großen Steinen, zwischen denen nur Moos und Farnkraut wachsen. Sie werden bevölkert von einer Unzahl Schafe, denen man rote Zeichen aufgemalt hat, damit ihre Besitzer sie auseinanderhalten konnten. Links von der Straße am Rand eines Hochmoores lag die berühmte Kylemore Abbey, deren Nonnen auf dem Markt den ersten Preis für ihre Tomaten erhalten hatten.

Ich fuhr am Killary Harbour entlang, zuerst immer noch nach Osten, dann am Nordufer auf einer Nebenstraße zurück nach Westen und später durch die Murrisk-Mountains nach Louisburgh. Das Rennen fand am Strand statt. Das Ufer war dort flach und sicher zweihundert Meter breit, bevor es durch einen natürlichen Abbruch begrenzt wurde. Die Markierung der Rennbahn bestand aus zwei Stöcken, die in einigen hundert Meter Abstand in den Sand gesteckt worden waren. Sie mußten – je nach Starterklasse – ein oder mehrere Male umrundet werden. Starten durften alle Pferde, sofern sie in der Lage waren zu galoppieren.

Natürlich konnte das Rennen nur bei Ebbe stattfinden, aber es fand sich schon in jedem Jahr ein Sonntag im August, an dem zur passenden Zeit Ebbe herrschte.

Oben, auf dem Deich, war ein kleiner Jahrmarkt in Gang.

Luftballons wurden verkauft, und die Kinder konnten auf einem einfachen Karussell fahren. An sechs sternartig zusammengefügten Stangen waren kleine Karussellpferde angeschweißt. Das ganze wurde von einem starken, in den Boden gerammten Pflock gehalten. Jede zweite Stange hatte in der Nähe dieses Pflocks einen Griff. An diesen Griffen schoben drei Männer das Karussell im Kreis herum.

Das Geschrei der Buchmacher tönte über das Ufer. Sie schrieben die Nummern der Pferde auf Schiefertafeln und riefen die angebotenen Quoten über die Köpfe der Menschen.

Einige Leute drängten sich um zwei Männer. Einer von ihnen legte einen Gürtel in Schlaufen. Der zweite forderte die Umstehenden zu einer Wette auf: Wer mit einem Stöckchen in diejenige Schlaufe des Gürtels stieß, an der er beim Loslassen hängenblieb, erhielt den doppelten Einsatz zurück. Niemand traf die richtige Schlaufe. Als sich ein Polizist der Gruppe näherte, schnallte der Mann schnell den Gürtel um und verschwand mit seinem Freund in der Menge. Diese Art Glücksspiel war verboten.

Die Rennen wurden in verschiedenen Klassen gestartet, die Klassen nach dem Alter der Pferde, der vermutlichen Rasse, der Größe und dem Gewicht des Reiters eingeteilt.

Die Rennleitung vertraute den Angaben der Besitzer. Es ging unbürokratisch zu. Auch für Esel gab es ein Rennen. Sie wurden von den Zuschauern ebenso angefeuert wie vorher die Vollblüter. Nach Beendigung des Rennens fuhr ich zurück ins Dorf und suchte das Haus, in dem John McDonnell wohnte.

Louisburgh lag an zwei Durchgangsstraßen, die sich in der Ortsmitte kreuzten. Dort an der Kreuzung wohnte John. Er besaß einen Metzgerladen. Als ich hineinkam, stand er gerade hinter der Theke und schnitt Fleisch.

»Hallo, wie geht's?« sagte er freundlich, als er mich sah.

»Danke, gut. Ich würde gern mein Fohlen besuchen.«

»Sofort.« Er wischte sich die Hände an der Schürze ab und rief seiner Frau zu, daß er kurz wegfahren müsse und daß sie in der Zwischenzeit auf den Laden aufpassen solle. Dann nahm er seine graue Kappe vom Haken und ging mit mir hinaus. Wir fuhren durch ein Labyrinth kleiner Wege, die alle gleich aussahen. Rechts und links wurden sie von niederen Steinmauern gesäumt, und ab und zu reckte eine Hecke ihre Zweige über die Brüstung. Fast überall waren sie mit einem Stacheldraht erhöht worden. Die Steinmauern verfielen allmählich. Die Kunst des Steineaufeinandersetzens beherrschten nur noch die Alten. Den Jungen fehlte der Blick und die Geduld.

»Haben Sie noch mehr Pferde?« fragte ich John McDonnell.

»Jaja, viele«, sagte er und wischte mit einer großzügigen Handbewegung über die Landschaft. »Dort hinten und hier auf dem Hügel da!«

Aber ich konnte nichts erkennen.

Es begann zu regnen.

Colleen graste auf einer kleinen, leicht ansteigenden Weide. Neben ihr stand ein Esel. Ein dicker Strick verband sein rechtes Vorderbein mit seinem rechten Hinterbein.

»Sie sind tricky«, erklärte mir John auf meinen erstaunten Blick hin. »Finden überall ein Loch in der Mauer oder brechen eines heraus, wenn keines da ist. So gefesselt kommen sie nicht weit.«

Der Esel hatte schnabelartig nach oben stehende Hufe. Irgendwann würde er mit ihnen nicht mehr laufen können. Esel sind einem Iren ziemlich gleichgültig. Sie sind seiner Meinung nach nicht die Mühe wert, ihnen die Hufe zu schneiden.

»Wir benutzen sie als Gesellschaft für alleinstehende Pferde«, erklärte mir John McDonnell.

Colleen beäugte uns mißtrauisch. Sie kam nicht her. Dort, wo der Regen ihr Fell befeuchtete, erschien es dunkler, fast schiefergrau. Sie gefiel mir. Ihr kluges, aufmerksames Gesicht hatte es mir angetan, und ich war voller Verständnis für ihr Mißtrauen uns gegenüber.

John McDonnell trieb sie in eine Ecke und legte ihr ein Halfter an. Dann fotografierte ich ihn mit ihr.

»Hat sie schon einen Namen?« fragte er.

»Ich möchte sie Colleen nennen«, sagte ich.

»Colleen, das ist gut. Das gefällt mir. Ihre Mutter hat sich bei einem Autounfall das Bein gebrochen.« Und er erzählte mir eine verwirrende Geschichte von einem umgekippten Lastwagen. Ich wurde nicht ganz klug daraus, ob dabei die Stute angefahren worden oder mit dem Auto in den Graben gestürzt war. Sie mußte getötet werden. Vielleicht war der Fahrer betrunken gewesen.

Später lud John mich noch zum Essen ein. Obwohl ich eigentlich keinen Hunger hatte, wagte ich nicht, es abzulehnen. Wir saßen in seiner guten Stube hinter dem Laden. Seine Frau bediente uns. Ich hatte den Eindruck, daß sie es nicht wagte, sich zu uns zu setzen. Mit mir zu essen schien das Vorrecht ihres Mannes zu sein. Sie hatte eine Sonntagstischdecke aufgelegt, und die Bilder John F. Kennedys und des Papstes schauten wohlgefällig auf uns herab.

Natürlich gab es Hammelfleisch und Kartoffeln. Und natürlich gab es Whiskey. Ich trank ihn mit viel Soda.

Nachdem wir ausgemacht hatten, daß er Colleen am nächsten Tag nach Ballyconneely bringen sollte, verabschiedete ich mich.

Es waren noch zwei Stunden Fahrt bis zu meiner Hütte.

Im **6.** Kapitel verläßt Colleen Irland.

Am nächsten Morgen schien die Sonne. Und als gegen Mittag der Kleinlastwagen mit dem grauen Fohlen auf der offenen Ladefläche über die flachen Felsen zu meiner Hütte hochrumpelte, schien sie immer noch. Sie meinte es gut mit Colleen. Ich war ziemlich aufgeregt. Von jetzt an hatte ich die Verantwortung für ein zweites Pferd.

John lud Colleen aus. Sie sprang über die Laderampe ins Gras und lief zu den anderen Fohlen, die schon früher gebracht worden waren. Sie würdigte mich keines Blikkes.

»Danke«, sagte ich zu John. »Möchten Sie einen Whiskey?« Aber er lehnte ab. »She will be a good horse«, versicherte er mir noch einmal. »And a very good jumper.«

»Good bye!« sagte ich.

»Good bye! I wish you a good journey!«

An diesem Tag verbrachte ich viele Stunden im Campingstuhl vor meiner Hütte. Ich betrachtete das grüne Land mit den unendlich vielen Steinmauern und den verstreut daliegenden Häusern. Viele von ihnen waren verlassen und verfallen. Die Dachsparren waren durchgefault, das Dach eingestürzt. Nichts hinderte den Regen daran, alles unter Wasser zu setzen. Ihre Besitzer lebten in Amerika. In Irland verdienten sie nicht genug zum Leben. Doch im Alter wollten sie nach hier zurück. Der Wind jagte die sich hoch auftürmenden Wolken, die weiter hinten an den Twelve Bens hängenblieben. Er verfing sich in den Zweigen der Fuchsienhecken und in den Kaminen der Häuser. Mit sich trug er das Rauschen der Brandung, das er über dem Land verteilte.

Gegen Abend fing ich Colleen ein, legte ihr das Halfter an und ging mit ihr zum Strand hinunter.

Ich führte sie über den nassen Sand, und als die erste kleine Welle kam, hüpfte sie zur Seite und schnaubte sie an.

Sie flüchtete nicht. Das war ein Zeichen von guten Nerven. Sie machte nur einen Satz und blieb dann stehen.

Später brachte ich sie dazu, so weit ins Wasser zu gehen, daß alle vier Hufe naß wurden. Es war ihr nicht geheuer, als die Wellen an ihren Beinen hochschwappten, aber da ich neben ihr stand, faßte sie Zutrauen und ging mit. Vor uns stießen schreiende Möwen aufs Wasser herab, tauchten oder schaukelten zufrieden auf der Wasseroberfläche. Der Wind verheddete Colleens Mähne und gab ihr ein wildes, verwegenes Aussehen. In diesem Augenblick war sie für mich das schönste Fohlen der Welt.

Am nächsten Abend kam Mr. Bolger, ein Viehhändler, mit seinem großen Transporter, um die Pferde abzuholen. Es war ein oben offener Kastenwagen, in dem sich die fünf unangebunden bewegen konnten.

»Ho – good fillies«, versuchte Mr. Bolger die Jährlinge zu beruhigen. Vier von ihnen weigerten sich, die Laderampe zu betreten.

»Versuch's mit Colleen!« sagte Thomas. Da nahm ich Colleen am Strick und führte sie an. Sie zögerte keinen Augenblick. Alle anderen folgten ihr.

Mr. Bolger fuhr mit ihnen bis Cashel, wo er einen Kramladen besaß. Dort wollte er gemütlich zu Abend essen. Thomas und Ute sollten ihn dann um elf Uhr in der Nacht dort abholen und mit ihm und den Pferden nach Dublin fahren. Bis um elf Uhr vormittags mußten die Pferde auf dem Schiff verladen sein. Um ein Uhr wollte es ablegen.

Ich hatte noch etwas Zeit, konnte in Ruhe meine Hütte aufräumen und ein paar Stunden schlafen. Ich wollte mich noch von Martin Conneely und seiner Frau verabschieden

und die Miete für meine Hütte bezahlen. Vom Land hatte ich mich schon verabschiedet. Mit Colleen nahm ich ein Stück davon mit nach Hause.

Bevor die Sonne aufging, war ich schon unterwegs. Bis Galway waren es 75 Kilometer auf einer schmalen, welligen und vielfach gewundenen Straße. Um diese Zeit ruhte viel Vieh auf dem die Sonnenwärme speichernden Asphalt. Sie lagen mit Vorliebe hinter den Ostseiten der Kuppen, denn so entgingen sie dem scharfen Westwind. Ich mußte sehr vorsichtig fahren und zugleich meinen Zeitplan einhalten. Von Galway nach Dublin waren es dann noch über zweihundert Kilometer. Der Auskunft der Reederei nach würden die Pferde nicht vor zehn Uhr verladen, und deshalb wollte ich spätestens um zehn am Schiff sein. Ich fuhr zu schnell für die irischen Verkehrsvorschriften, hielt mich immer schön links an den Steinmauern entlang, durchquerte Oughterard und Galway. Spätestens in Athlone ging mir auf, daß ich mit einer Tankfüllung nicht bis Dublin käme, und so fing ich an, nach einer offenen Tankstelle Ausschau zu halten. Aber damals öffnete in Irland niemand einen Laden oder eine Tankstelle vor neun Uhr. So lange würde das Benzin nicht reichen. Es sah so aus, als ob ich warten müßte, und dann käme ich auf jeden Fall zu spät zum Schiff.

Die Sonne ging auf. Der Asphalt glänzte von dem in der Nacht gefallenen Regen. Dann stotterte der Motor, und ich mußte den Reservehebel umlegen. Um acht Uhr verlor ich die Nerven.

An der nächsten Tankstelle hielt ich an und klingelte den Besitzer heraus.

»Morning«, brummte er mürrisch. Er hatte noch geschlafen. Doch als ich ihm meine Notlage erklärte, wurde er sehr freundlich.

»Seven gallons, please!« sagte er.

Ich gab ihm das Geld. Eine Gallone waren ungefähr vier komma fünf Liter. Ich hätte bald mit leerem Tank auf der Straße gestanden. Um halb zehn Uhr überquerte ich eine Bahnlinie. Die ersten Häuser von Dublin kamen in Sicht. Ich fuhr auf der Conyngham Road in die Stadt und am Liffey River entlang zum Hafen.

»Wohin?« fragte mich der Beamte an der Zoll-Schranke.

»Zur ›Trito‹. Ich hab' ein Pferd dort zum Verladen.«

Er ließ mich ohne weitere Formalitäten durch. »Kai acht.«

Ich fuhr an mehreren Kais entlang, an denen Schiffe beladen und entladen wurden, kurvte um große Kohlehaufen, rostige Ladekräne und leere Container. Die »Trito« war ein alter Kahn. Er transportierte Schlachtvieh auf den Kontinent und sollte außer seinem Zielhafen Amsterdam nur einmal kurz in Le Havre Station machen.

Als ich ankam, stand Mr. Bolgers Transporter schon auf der Mole. Die Pferde warteten auf die Verladung. Müde ließen sie die Köpfe hängen. Sie hatten aufgehört, ängstlich zu sein, und aufgehört, gegen die vier Wände zu rebellieren. Sie dösten vor sich hin.

Das Schlachtvieh war schon verladen. An einem großen Kran hängend schwebte gerade das Auto meiner Freunde an Deck, wo es festgezurrt wurde. Sie wollten die Pferde auf der Überfahrt versorgen. Ab Amsterdam sollte ich dann den Bahntransport begleiten. So hatten wir es ausgemacht. Glücklicherweise war die »Trito« darauf eingerichtet, zwölf Passagiere mit ihren Autos zu befördern, und meine Freunde hatten gerade noch eine Kabine bekommen.

»Und nun die Pferde!« rief der Lademeister.

Wir ließen die Rampe herunter und holten die Pferde heraus. Verschlafen strauchelten sie hinter uns her. Und schon schwebte ein großer Kasten an langen Seilen vor uns herab. Wieder war es Colleen, die sich als erste in den Kasten schieben ließ. Die anderen folgten ihr.

Quietschend hob der Kran den Kasten an. Die Pferde schwebten nach oben, schwenkten seitlich ein und versanken in einer Luke an Deck.

»Stop it!« schrie jemand.

Ich rannte über die Gangway hoch aufs Vordeck und stolperte eine schmale Treppe hinunter. Hier unter Deck wurden die Pferde in schmalen Verschlägen festgebunden. Rechts und links, vor ihnen, hinter ihnen und in mehreren Decks unter ihren Hufen stand brüllendes und zum Teil tobendes Vieh.

Schlachtvieh, das in die Schlachthöfe nach Oberitalien transportiert werden sollte.

Wir hatten Heu mitgebracht, und bald waren die Fohlen jedes für sich in einem Verschlag unter der offenen Luke vorschriftsmäßig festgebunden. Sie würden leidlich Frischluft bekommen. Sie kauten vor sich hin und machten, soweit das möglich war, einen zufriedenen Eindruck.

Ich mußte von Bord. Die Gangway wurde hochgezogen, die Leinen losgemacht. Ganz langsam vergrößerte sich der Abstand zwischen Schiffswand und Kaimauer.

Ich stand noch auf irischem Boden, aber die Pferde hatten Irland bereits verlassen.

Im 7. Kapitel gibt es Ärger in Amsterdam.

Als das Schiff den Hafen verlassen hatte, überlegte ich, was ich mit dem Rest des Tages anfangen sollte. Ich hatte eine Platzreservierung für die nächste Morgenfähre nach Holy Head. Es blieben mir ein langer Nachmittag und Abend in Dublin. Das Wetter war für irische Verhältnisse ungewöhnlich schön, und weil ich wenig Lust hatte, durch die Stadt zu laufen, fuhr ich ein Stück nach draußen und suchte mir eine stille Badebucht.

Auf dem Markt in Clifden hatte ich mir die bisher erschienenen Stutbücher der Connemara-Zuchtgesellschaft gekauft. Sie dienen dazu, den Züchtern einen Überblick über Blutlinien und Vererbung von Größen und Farben zu verschaffen. Jedes Jahr werden die jungen Stuten und Hengste von einer Zuchtkommission gesichtet und, wenn sie für gut befunden werden, unter einer eigenen Nummer eingetragen. Die Stutbücher der Connemara Ponys werden seit dem Anfang des 20. Jahrhunderts geführt. Band Eins begann mit dem Zuchthengst »Cannon Ball«, geboren 1904.

Ich legte mich auf einen großen warmen Stein an den Strand und begann zu lesen.

Bald ging mir auf, daß die Iren der Geschichte von den spanischen Pferden, die vor Hunderten von Jahren an der Westküste Schiffbruch erlitten haben sollen, heftig nachgeholfen hatten. Da waren »Naseel«, ein Vollblutaraber, »Little Heaven«, ein englischer Vollblüter und »May Boy«, ein Irish Draught Hengst. Sie waren immer wieder mit Connemarastuten gekreuzt worden. Aus der Kreuzung mit dem Vollblüter und dem Irish Draught hatten viele Ponys ihre Sprungbegabung. Und springen mußten sie können in Irland. Schließlich gehören die irischen Jagden zu den schwersten der Welt. Man jagt dort lebende Füchse, und niemand kann vorhersagen, über welche Hindernisse gesprungen werden muß. Meistens sind es Steinmauern, die durch einen Draht erhöht wurden, damit das Vieh nicht so leicht ausbrechen kann. Dahinter oder davor befinden sich oft noch Gräben oder Hecken. So eine Jagd kann einen ganzen Tag lang dauern. Sie erfordert Pferde mit harten Beinen und guter Kondition.

»Naseel«, der Araberhengst, gab seinen Nachkommen Schönheit, Adel und die Veranlagung zu einem schwungvollen, weit ausgreifenden Trab mit. Es überraschte mich nicht zu entdecken, daß er Colleens Großvater war, und ich wunderte mich nicht mehr, warum ich sie mit soviel Impuls und so wenig Verstand ausgesucht hatte.

Sie würde immer ein wenig zu klein für mich bleiben. Das stand schon jetzt fest.

Am nächsten Morgen brachte mich die Fähre nach England.

In Wales regnete es. Die kahlen Berge versteckten sich hinter Wolken und Nebel, und auf den Ortsschildern standen Namen, die immer unaussprechlicher wurden. Ich fuhr und fuhr, ohne anzuhalten. Mein Ziel war die Abendfähre von Dover nach Ostende. Ich mußte sie erreichen, wenn ich am Mittag des nächsten Tages in Amsterdam sein wollte. Um die Mittagszeit sollte die »Trito« im Hafen einlaufen.

Es war gerade rush-hour, als ich London erreichte. Ich verirrte mich sofort, drehte in einer schmalen Straße um, kam aus Verwirrung auf der rechten Straßenseite zurück, wurde wütend angehupt und hielt mit zitternden Knien an. Verwundert starrten die Passanten auf mein Auto. Ich stieg aus und mußte entdecken, daß von den auf dem Dachständer befestigten Walknochen Tran über das Autodach lief und auf die Straße tropfte. Dazu stank es fürchterlich, aber das war mir alles egal. Schließlich suchte ich ein Papiergeschäft und kaufte mir einen Stadtplan. Mit dem aufgeschlagenen Plan auf den Knien fand ich schließlich die Oxford Street und fuhr dort auch gleich auf eines der hohen schwarzen Taxis auf. Es zeigte sich, daß es nicht besonders günstig ist, während der rush-hour über den Piccadilly Circus zu fahren und zugleich auf einer Karte die Ausfahrt nach Dover zu suchen.

Der Taxifahrer ließ sich besänftigen, als er sah, daß sein Auto keinen Kratzer abbekommen hatte.

Endlich kam ich an die Themse, sah die Tower Bridge vor mir und zugleich ein Straßenschild: Dover. Ich ließ London hinter mir und erreichte schließlich ziemlich erschöpft nach neunstündiger pausenloser Fahrt den Hafen, zwanzig Minuten vor dem Ablegen der Fähre.

»Your ticket, please!« sagte der Kontrolleur und fuhr nach einem Blick darauf fort: »Es ist für morgen ausgestellt.«

»Ach bitte!« ich erzählte ihm etwas von meiner Familie, die ich am nächsten Tag in Amsterdam treffen müsse, einem Versehen des Reisebüros und vieles andere mehr. Nur von Colleen erzählte ich ihm nichts, weil ich fürchtete, daß ein Pferd kein ausreichender Grund für ihn sei, alles umzuschreiben. Erst hinterher kam mir, daß es eigentlich nicht gelogen war, Colleen als eine Familienangehörige zu bezeichnen.

Es klappte. Der Beamte schrieb das Ticket um. Ich durfte aufs Schiff und war fünf Stunden später in Ostende.

In dieser Nacht schlief ich in einer Hafen-Absteige. Es war mir gleichgültig, daß es unruhig im Haus war, Türen klapperten, Schritte treppauf und treppab hasteten. Ich war nur froh, in einem Bett liegen und schlafen zu können.

Am nächsten Tag fuhr ich so schnell ich konnte über

Rotterdam nach Amsterdam. Sprühregen, unzählige wasserspritzende Tanklastzüge, flache, gleichförmige Landschaft. Ab und zu lud ein altes, aus roten Backsteinen erbautes Landgasthaus den Autofahrer zu einer Rast ein. Aber ich widerstand.

Als ich mich im Amsterdamer Frachthafen nach dem Kai durchfragte, an dem die »Trito« anlegen sollte, war sie schon angekommen.

Thomas und Ute standen auf der Mole und diskutierten mit zwei Männern.

»Es gibt Ärger«, flüsterte Ute mir zu. Sie sah ganz verschreckt aus.

»Schlimm?« fragte ich.

»Die holländische Spedition hat es versäumt, eine Durchfahrtserlaubnis für die Niederlande zu besorgen. Jetzt lassen sie uns die Pferde nicht ausladen.«

Der irische Kapitän tobte. Die Pferde waren auf einem der oberen Decks untergebracht. Erst wenn sie draußen waren, konnte das Schlachtvieh ausgeladen werden. Diese Zeitverzögerung kostete die Reederei Geld, weil sie die Hafengebühren erhöhte. Die Waggons standen schon bereit, aber bis Kaldenkirchen fuhren sie durch Holland. Und dafür brauchte man eine Erlaubnis aus Den Haag.

»Es hilft alles nichts. Wir müssen sie uns jetzt gleich selbst besorgen«, sagte Thomas.

Und weil jemand bei den Pferden bleiben mußte, blieb ich da. Es traf mich der geballte Zorn der Mannschaft. Ich hatte großes Verständnis dafür, doch ich wußte keinen Ausweg. »Schickt sie in den Schlachthof!« schrie der Kapitän. Der Veterinär telefonierte herum, während die Männer auf dem Kai mich giftig anstarrten. Immer noch warteten die leeren Waggons auf das Vieh.

Nach einer halben Stunde ratterte wirklich ein Schlachtviehtransporter auf die Mole. Die fünf Fohlen schwebten in

dem Krankasten auf den Boden, liefen ein paar Schritte und kletterten dann die Rampe in den Transporter hoch, der sie zum Schlachthof bringen sollte.

»Aber nein, das geht nicht!« Mein Protest nützte mir wenig.

»Schließt mich mit ein!«

Jetzt protestierte der Veterinär, aber ich weigerte mich, das Auto zu verlassen. Ich hörte, wie die Männer draußen berieten, was sie tun sollten, während ich die Fohlen zu beruhigen versuchte.

Es roch nach Blut und Schweinen. Der Boden war mit Resten von Stroh und Kuhfladen bedeckt.

»Hoho, bleib ruhig!« bat ich Colleen und kraulte sie an der Mähne. Der Geruch von Blut und Schweinen macht Pferden Angst. Allmählich beruhigten sie sich wieder. Ich wartete darauf, daß der Wagen abfuhr, doch die Männer getrauten sich nicht, mich mit auf den Schlachthof zu schicken.

Ich hörte das Kreischen des Krans, als sie das Vieh

ausluden. Dann, nach zwei Stunden, ließen sie plötzlich die Rampe des Transporters herunter. Aus Den Haag hatte jemand angerufen und uns die Durchfahrtserlaubnis erteilt.

Vier Männer halfen mir, die verstörten Fohlen in einen Waggon zu verladen. Als erste ging Colleen hinein. Als zweite die große Braune. Und da passierte es: Sie brach durch ein Brett der Verbindungsbrücke zwischen der Verladerampe und dem Waggon, hing hilflos strampelnd in dem Loch und konnte sich nicht mehr selbst befreien.

In diesem Augenblick ergriff mich Panik. Ich legte mir die Hände vors Gesicht und wollte nichts mehr sehen und nichts mehr hören, nichts mehr wissen von der Idee, mir in Irland ein Fohlen zu kaufen, nichts mehr von Colleen und allem, worauf ich mich vorher gefreut hatte. Doch ehe ich mich's versah, hatten fünf starke Männer das Fohlen angehoben. Ein sechster schob ihm ein Brett unter die Füße, es stand auf festem Boden und war mit einem Satz in dem Inneren des Waggons verschwunden. Die anderen drei folgten ihm ohne weitere Schwierigkeiten.

Kurze Zeit später kamen meine Freunde aus Den Haag zurück. Ich übergab ihnen meinen Autoschlüssel und holte mir die Campingausrüstung. Ich würde sie auf der langen Bahnfahrt brauchen. Dann wurde der Waggon an einen Zug angekoppelt. Es ruckelte ein bißchen, und die Fohlen warfen die Köpfe hoch.

»Hoho, bleibt schön ruhig!«

Der Zug fuhr an.

»Wir sehen uns an der Grenze in Kaldenkirchen«, schrie Thomas mir noch nach. »Bis dahin!«

»Bis dann!«

Im 8. Kapitel kommen wir zu Hause an.

Ich war sehr erleichtert, als wir das letzte Stellwerk von Amsterdam hinter uns gelassen hatten. Die Pferde standen angebunden und kauten Heu. Ich richtete mir ein paar Ballen Stroh in eine Ecke und versuchte zu schlafen. Das Rütteln des Zuges, das Schnauben und balancierende Hin- und Hertreten der Pferde störten mich bald nicht mehr. Manchmal hielt der Zug an einem Signal. Dann stand die Landschaft, die ich durch den Türspalt vorbeieilen sah, auf einmal still. Ich beobachtete die Bauern bei der Rübenernte und die auf den Telegrafendrähten sitzenden Schwalben, die sich für ihren Wegzug sammelten. Dann wurde der Waggon mit einem Ruck wieder angeschleppt, und er ließ Wiesen, Bäume, arbeitende Bauern, Telegrafenmasten und Häuser hinter sich zurück. Kaldenkirchen erreichten wir am Abend. Thomas und Ute standen schon da und warteten. Bis der Tierarzt mit den Zollbeamten bei uns angekommen war, berichteten sie von der Überfahrt mit der »Trito«. Die Ereignisse in Amsterdam hatten das bisher verhindert.

»Das Schlimmste war der Durst. Die Pferde wollten immerzu Wasser haben. Einmal war Colleen seekrank«, erzählte Ute.

»Wie zeigte sich das?«

»Als die irische See etwas unruhig wurde, fraß sie nichts mehr.«

»Und was habt Ihr dagegen unternommen?«

»Gar nichts. Wir konnten nichts für sie tun. Es dauerte nicht lange. Nachdem die See sich wieder etwas beruhigt hatte, fing sie wieder zu fressen an.«

Die Zollabwicklung ging glatt. Eine kleine Plombe wurde

mit einer Schnur an der Waggontüre befestigt. Sie sollte verhindern, daß ich die Pferde unterwegs auslüde und mit ihnen verschwände. Bevor sie in München entfernt würde, müßte der Zoll bezahlt werden.

Als der Zug anfuhr, wurde es dunkel.

Am Güterbahnhof in Köln wurden die Waggons abgekuppelt und umrangiert. Das bedeutete stundenlanges Warten, dann ein schreckliches Abrollen von einem kleinen Rangierhügel, und den Aufprall auf die ausrangierten Waggons mit dem Schlachtvieh, das nach Süden gefahren werden sollte.

»Vorsicht, Pferde!«

Ich hatte ein Strohbüschel außen an die Türe gesteckt. Es war das Zeichen für das Rangierpersonal, daß dieser Waggon von jemand begleitet wurde. Trotzdem prallten immer wieder neue Waggons auf uns, und es dauerte ziemlich lange, bis der Zug fertig zusammengestellt war.

Die Pferde hatten Durst. Ich fragte einen Mann, wo es hier Wasser gebe.

»Dort hinten!« Er zeigte mit der Hand irgendwohin in die Dunkelheit.

Ich wartete auf den nächsten Aufprall. Danach war meistens einige Minuten Ruhe. Dann zwängte ich mich durch den von der Zollplombe begrenzten Türspalt und sprang auf die Steine neben den Gleisen. Ich rannte am Zug entlang, überquerte zwei, drei Nachbargleise, fragte einen zweiten Mann und fand endlich eine altmodische Wasserpumpe mit einem Schwengel. Ich pumpte in rasender Eile meine beiden Eimer voll und lief den Weg wieder zurück. Zweimal mußte ich laufen, bis alle fünf Fohlen ihren Durst gelöscht hatten, und dabei hatte ich jedesmal höllische Angst, der Zug könnte mir davonfahren.

Endlich waren sie satt. Im letzten Rest des Wassers

wusch ich mir die Hände. Ein Strohhaufen in der Ecke war mein Bett, und als ich es mir gerade in meinem Schlafsack bequem gemacht hatte, ruckte die Lok abermals an, polterte über die Weichen und ließ sich von der Nacht verschlucken. Eine Weile beobachtete ich noch durch den Türspalt, wie die Bahnhofslampen an uns vorbeihuschten. Dann schlief ich ein.

Der Zug war am nächsten Morgen um zehn Uhr am Güterbahnhof in München. Wieder kamen die Zollbeamten. Unser Antrag auf Anerkennung der Fohlen als Zuchtpferde, der vom hiesigen Zuchtverband befürwortet werden mußte, war abschlägig behandelt worden. Damals waren Connemaraponys in Deutschland völlig unbekannt. Wenn ein paar Verrückte sich in Westirland irgendwelche Pferde kauften, so war das ihr Privatvergnügen. Heute ist das anders. Damals mußten wir die Quittung des Verkäufers vorlegen und die Bescheinigungen über die Kosten der Schiffspassage und der Bahn bis zur deutschen Grenze in Kaldenkirchen. Das alles wurde zusammengezählt, und davon wurden 27,5 % Zoll verlangt. Es war beinahe mein letztes Geld.

Wieder wurden die Pferde in einen wartenden Transporter umgeladen. Jetzt waren es alle schon gewöhnt, und Colleen mußte nicht mehr als erste vorangehen.

Thomas half mir, meine Campingsachen zum Auto zu schleppen. Dann kam die letzte Etappe der großen Reise.

Vierzig Kilometer südlich von München steht das kleine Holzhaus, in dem ich wohne. Die Haflingerstute rannte schreiend zum Zaun, als wir ankamen. Colleen stolperte die Rampe hinunter, während der Fahrer die übrigen Pferde oben hielt. Sie wieherten ihr nach. Die Angst, die alle ausgestanden hatten, verband sie.

Aber sie mußten noch ein Stück weiterfahren.

Ich führte mein Fohlen zum Stall.

Insgesamt waren wir eine Woche unterwegs gewesen. Ich hatte in dieser Zeit 4 Kilo abgenommen.

Colleen hatte das Ziel erreicht.

Sie war zu Hause.

Im 9. Kapitel muß ich ein Geständnis machen, und Colleen bewältigt erste Schwierigkeiten.

Bevor ich weitererzähle, muß ich erst noch etwas über »Wespe« sagen, denn sie trat in Aktion, sobald Colleen mit ihr zusammenkam. »Wespe« hieß meine Haflingerstute. Ich habe ihr diesen schrecklichen Namen nicht gegeben. Sie hieß so, als ich sie kaufte, und aus Pietät habe ich ihr den Namen gelassen. Bei den Haflingern, genau wie bei vielen anderen Pferderassen, erhalten nämlich die Stutfohlen einen Namen mit demselben Anfangsbuchstaben, den auch der Name der Mutter hat. Die Hengstfohlen bekommen einen mit dem Anfangsbuchstaben des Namens des Vaters. »Wespe« hieß »Wespe«, weil ihre Mutter »Wolke« hieß und weil ihrem Besitzer offensichtlich kein anderes Wort mit W eingefallen war.

Sofort als Colleen kam, ernannte sich Wespe zur Stall-»Königin«. Das bedeutete, daß jedes andere Pferd erst einmal schüchtern bei ihr anfragen mußte, ob es einen Fuß in den Stall setzen durfte, und wenn sie nicht in Laune war, dies zu erlauben, dann prügelte sie es hinaus.

Damals hielt ich die Pferde in einem offenen Stall, das heißt, sie konnten aus- und eingehen, wie sie wollten. Das hat sich auf die Dauer nicht bewährt, aber davon erzähle ich später. Colleen mußte also immer gewärtig sein, aus dem Stall geworfen zu werden, und weil sie sich dieser Behandlung nur ungern aussetzte, blieb sie meistens draußen.

In der ersten Zeit kamen viele Leute, um sie zu betrachten. Ich fing an zu vergessen, daß sie ein Pferd wie jedes andere auch war und dazu noch ein sehr kleines. Ich war fest davon überzeugt, daß ich sie bei guter Aufzucht dazu bringen würde, größer zu werden, als die irischen Schätzungen es vorausgesagt hatten, und da ich im Verdrängen von mir nicht angenehmen Dingen schon immer gut war, verdrängte ich ihre Fehler. Sie war für mich wie eine verzauberte Prinzessin. Daß ich jeden Tag ihren Stall ausmisten mußte, störte diese Vorstellung nicht weiter. Auch Prinzessinnen haben ihre Bedürfnisse. Ich stellte mir vor, wie ich mit ihr durch die Gegend reiten würde, und jeder, der mich sähe, würde sagen: Das ist Colleen, eine original irische Stute. Ist sie nicht wunderschön?

Hier muß ich ein Geständnis machen. (Es muß gesagt werden, je eher, desto besser, und ich will es schnell hinter mich bringen): Ich reite nämlich nicht sehr gut. Als Kinder sind wir überwiegend ohne Sattel geritten. Im Krieg gab es andere Sorgen als Reitunterricht, und später hatte ich weder das Geld noch die Lust dazu, mich von einem Reitlehrer ankreischen zu lassen. Es fehlte mir an Ehrgeiz. So bin ich ein sogenannter Feld-Wald-und-Wiesenreiter geblieben, und wenn ich es ab und zu vergesse, dann habe ich immer einige wohlmeinende Freunde, die mich zuverlässig daran erinnern. Doch Colleen war erst ein und ein halbes Jahr alt. Bevor sie drei sein würde, war an Reiten nicht zu denken. Sie ließ sich führen, das hatte sie auf der Reise bewiesen, und sie hob ihre Hufe, mehr brauchte sie nicht zu können. Als wir ankamen, war es Anfang September. Heu und Stroh waren schon in der Scheune. Alles, was die Pferde brauchten, holten sie sich selbst von der Koppel. Die Tage wurden allmählich kürzer. In diesem Jahr kam der Herbst früher als sonst. Am Morgen bedeckte dichter Nebel die Wiesen. Er versperrte mir den Blick auf die Berge und dämpfte die Geräusche der naheliegenden Straße. Dann begann es zu regnen, und als nach ein paar Tagen der Wind die Wolken davongeblasen hatte, lag auf den Bergen der erste Schnee. Die Schwalben verschwanden, Grüppchen für Grüppchen, im Süden. Das häßliche Geschrei der Fischreiher mischte sich mit dem der Krähen.

Colleen benützte den Stall kaum. Sie schien zu stolz, um sich immer wieder von Wespe hinaustreiben zu lassen, aber so lange sie ihr Futter draußen fand, wollte ich nicht eingreifen. Eines Morgens war die Weide vom ersten Reif überzuckert, und Colleen stand mit hängendem Kopf da und fraß nicht mehr. »Colleen, was ist los?« Ich brachte sie in den Stall und maß Fieber. Sie hatte 40,5. Das ist sogar für ein Pferd zu viel. »Lungenentzündung«, sagte der rasch herbeigeholte Tierarzt und gab ihr eine Penicillinspritze. »Vermutlich war der Klimawechsel zu viel für sie«, erklärte er mir. »In Westirland ist es zwar auch rauh, aber die Temperaturen sind verhältnismäßig gleichmäßig gegenüber unseren hier. Hier ist es tagsüber noch ziemlich warm und nachts schon frostig. Dazu kommt die Feuchtigkeit des nahen Flusses. Das hat sie nicht vertragen.« Hätte ich mir das nicht denken können? Ich machte mir bittere Vorwürfe, aber dazu war es zu spät.

Also blieb Colleen ein paar Tage im Stall. Jemand aus dem Dorf baute mir einen Verschlag, so daß ich sie einsperren konnte, ohne daß Wespes Gewohnheiten davon beeinträchtigt wurden. Ich rannte alle halbe Stunde hinaus, um mein schlechtes Gewissen zu beruhigen. Helfen konnte ich nicht. Später, als sie zu husten begann, besorgte ich Hustensirup und kochte einen Kräutertee, dessen Dampf sie einatmen mußte.

Daß paßte ihr gar nicht. An der Heftigkeit, mit der sie sich gegen meine Fürsorge zur Wehr setzte, konnte ich erkennen, daß es ihr besser ging.

Nach drei Wochen war alles vorbei.

Inzwischen war es Oktober geworden. Die Blumen, die in langen Holzkästen den Balkon des Hauses schmückten, waren verwelkt und weggeräumt. Der Schuppen war voller

Holz für den Kachelofen, am Auto wurden die Winterreifen aufgezogen, und der Schmied kam zum letzten Mal, bevor es schneite, um den Pferden die Hufe auszuschneiden.

»Das ist Colleen«, erklärte ich ihm stolz. »Ich habe sie im Herbst aus Irland mitgebracht.«

Der Schmied war ein stiller, bedächtiger Mann. Während er sein Messer schärfte, ging er um Colleen herum und musterte sie gründlich.

»Hm«, brummte er. »Hübsch. Ist sie nicht ein bißchen klein?«

»Klein!« rief ich entrüstet. Ich hatte erwartet, daß er vor ihrer Schönheit in Andacht versinken würde.

»Finden Sie sie zu klein? Ich finde sie gerade richtig! Wenn sie größer wäre, würde sie nicht in den Stall passen!« Stolz darauf, daß mir das eingefallen war, fügte ich noch hinzu: »Ein großes Pferd könnte ich mir nie leisten. Es würde ja mit dem Kopf unter der Decke klemmen.«

Das stimmte. Jeder kann sich mit einem Blick davon überzeugen, daß in meinen Stall nur kleine Pferde passen. Das Haus ist ziemlich alt, unten aus runden Flußsteinen, oben aus Holz gebaut, mit kleinen, niederen Zimmern, einem ehemaligen Kuhstall für zwei Kühe, den ich zu einem Arbeitsraum umgebaut habe, und dem Raum neben der Scheunenauffahrt, in dem bei meinem Vorbesitzer der Ackerwagen stand und den die Pferde bewohnen.

Doch ich war noch nicht fertig. »Im übrigen«, rief ich zornig, »im übrigen ist das eine sehr dumme Einstellung, daß man als erwachsener Mensch nur große Pferde reiten sollte. Es gibt viele alte Bilder, auf denen die Beine der Reiter weit herunterhängen, weil sie kleine Pferde ritten. Mir könnte man ein großes Pferd schenken. Ich wollte es nicht.« Das klang ein bißchen so wie die Fabel von dem Fuchs, der die Trauben sauer nannte, nur weil er sie nicht erreichen konnte. Aber ich hatte auch andere Gründe. Im

Alter von fünf Jahren war ich vom Pferd gefallen und hatte mir dabei beide Arme gebrochen. Seither war ich immer etwas ängstlich beim Reiten und bevorzugte kleinere Pferde, weil man von ihnen nicht so tief fallen konnte. Und außerdem kann man von ihnen aus die Zaunstangen besser aufmachen, und tiefhängende Zweige schlagen einem nicht so ins Gesicht, und man braucht weniger Futter, und, und, und . . .

Der Schmied grinste bloß und sagte nichts mehr.

Doch ich lernte daraus, daß ich mich in bezug auf Colleen auf keine Diskussionen einlassen sollte, und solange ich mich an diesen Vorsatz erinnerte, hielt ich mich auch daran.

Es wurde Winter. Um das Haus türmte sich der Schnee in hohen Haufen, und die hungrigen Vögel pickten das Futter schneller aus ihrem Futterhäuschen, als ich es nachschütten konnte. Colleen, die wohl noch nie in ihrem Leben Schnee gesehen hatte, schnaubte ihn erst einmal ängstlich an, bevor sie einen Huf darauf setzte. Dann preschte sie los, raste mit hocherhobenem Schweif über die Weide, wälzte sich, sprang wieder auf, warf den Kopf nach hinten und beruhigte sich erst wieder, als ihr die Luft ausging.

Sooft es mir möglich war, ritt ich mit Wespe, die ein Fohlen erwartete, am Flußufer entlang. Colleen begleitete uns freilaufend. Sie galoppierte um uns herum und versuchte Wespe dazu anzustiften, mit ihr um die Wette zu rennen. Manchmal blieb sie zurück, um Zweige anzuknabbern, erschrak dann entsetzlich, wenn eine Schneeladung auf sie herabprasselte, machte einen Satz, flüchtete und wußte eigentlich nicht wovor. Sie buckelte, schlug aus, tauchte ihre Nase in das kalte, weiße Zeug, das die Wiesen bedeckte, und prustete hinein. Wenn sie kein Gras fand, schlenkerte sie den Kopf hin und her, bis es ihr zu dumm wurde und ihr ein neues Spiel einfiel.

Die Berge blinkten im Schnee. Bei Föhn schienen sie zum

Anfassen nah mit blauschwarzen Felswänden, an flacheren Hängen bedeckt von weiß überstäubtem Fichtenwald. Im Flußbett standen Reiher und fischten.

Colleen quiekste vor Lebensfreude. Sie hatte aufgehört zu husten. Alles war in Ordnung.

Das **10.** Kapitel handelt von Colleens zweitem Lebensjahr.

Im großen und ganzen war Colleens erster Winter in Deutschland weder besonders mild noch besonders hart. Der Schnee erreichte nur die unteren Zaunstangen, aber der Weiher fror ganz zu, und die Wildenten kamen nicht mehr. Sie suchten offenes Wasser auf. Wenn ich Heu fütterte, durfte die kleine Stute in den Stall, doch sobald die Raufe leergefressen war, warf Wespe sie wieder hinaus. Colleen hatte ein nicht sehr langes, aber dichtes Winterfell bekommen. Einige Male fiel der Strom aus. Irgendwo war ein morscher Ast unter dem Gewicht des Schnees heruntergebrochen und auf die Leitung gestürzt. Dann konnte es manchmal ein oder zwei Tage dauern, bis er wiederkam. Das war nicht weiter schlimm, denn den Arbeitsraum heize ich mit einem großen Kachelofen, und kochen kann ich auf dem alten Gasherd, der sein Gas aus einer Flasche bezieht. Am Abend mußte ich mit dem Licht aus einer Petroleumlampe auskommen, aber daran gewöhnt man sich schnell. Nur die Wasserpumpe funktioniert nicht ohne Strom. Wie viele Häuser, die abseits liegen, erhält auch mein Haus sein Wasser aus einem eigenen Brunnen. Eine im Keller installierte Pumpe pumpt es in einen Kessel, und wenn der leer ist, läuft kein Wasser mehr aus der Leitung. Das ist nicht gut für die Pferde, die sich normalerweise, wenn sie Durst haben, aus einer Tränke selbst bedienen. Sie drücken dann mit der Nase einen Hebel herunter, und schon fließt Wasser in eine kleine Schüssel. Diese praktische Einrichtung fällt natürlich aus, wenn die Stromleitung unterbrochen ist.

Es blieb mir dann nichts anderes übrig, als den Pickel aus

dem Schuppen zu holen und den Bach aufzuhacken, der hinter dem Winterauslauf vorbeifließt. Soweit es ihnen möglich war, halfen mir die Pferde dabei, indem sie mit den Hufen aufs Eis schlugen. War einmal ein Loch im Eis, dann hielten sie es tagsüber offen. Nur nachts fror es wieder zu.

An kalten Abenden färbte sich der Himmel rosa, und die Buchenstämme schimmerten violett. Wenn es dunstig war, ging die Sonne als rotglühender Ball hinter dem Wald unter. Ich hatte den Eindruck, daß sich Colleen dann besonders wohl fühlte. Doch wenn das Wetter umschlug, ein warmer Wind den Schnee schwer und pappig werden ließ, das Wasser aus den mit Laub verstopften Dachrinnen tropfte und die Dachlawinen herunterdonnerten, dann stand sie müde vor dem Stall. Ihr Fell war klamm, und sie lief herum, als habe sie Gewichte an den Hufen. Ende Februar begann sie, ihre Winterhaare zu verlieren, und für einige Wochen sah sie so aus, als hätten ihr die Motten das Fell zerfressen. Die nachwachsenden Haare waren heller als die alten. Nur Mähne und Schweif blieben dunkel, fast schwarz. Ende April kamen die Schwalben zurück. Sie bauten sich ein neues Nest auf einem Brettchen über den Köpfen der Pferde. Manchmal schrak Colleen zusammen, wenn sie um ihre Ohren strichen, aber sie gewöhnte sich schnell an sie. Im Mai wurde sie zwei Jahre alt. Jetzt konnte sie niemand mehr als ein Fohlen bezeichnen. Jetzt war sie schon eine junge Stute.

Wespe bekam ein Stutfohlen. Es stelzte eines Morgens mit wackeligen Beinen im Stall herum und glotzte alles an, was sich bewegte. Colleen, die in ihrem Verschlag stand, beäugte es neugierig und wieherte manchmal leise, wenn es von ihr fortlief. Es brachte die Beine noch durcheinander und stieß überall an. Nur das Euter der Mutter, aus dem ein warmer, süßer Saft floß, wenn es daran saugte, fand es augenblicklich.

Ich gab ihm keinen Namen, denn es mußte verkauft werden, und ich wollte nicht mein Herz an es hängen.

Ich war damals (und bin es heute noch) das, was man so schön »freiberuflich tätig« nennt. Das bedeutet ein ziemlich unsicheres Einkommen. Manchmal hat man Geld und manchmal keines, und deshalb sollte der Erlös aus dem Verkauf eines Fohlens die Pferdehaltungskosten ein bißchen verringern.

Natürlich kann man eine Stute, die ein Fohlen bekommt, einige Monate nicht reiten, aber das machte mir nicht viel aus. Ich hatte immer großen Spaß daran, am Zaun zu stehen und zuzuschauen, wie das Fohlen auf der Weide galoppierte und immer wieder Colleen aufforderte, mit ihm um die Wette zu rennen. Doch Colleen wollte lieber fressen. Das Gras war um diese Zeit süß und saftig. Es schmeckte köstlich. Sie hatte wenig Zeit für das Fohlen. Wenn es ihr lästig wurde, legte sie auch manchmal die Ohren an und drohte ihm. Dann rannte es erschrocken zu seiner Mutter zurück, steckte den Kopf zwischen ihre Hinterbeine und nahm ein paar Schlucke Milch.

Wieder einmal kam der Schmied, um den Pferden die Hufe auszuschneiden.

»Na, wie geht's der Neuen?« fragte er, als ich die Pferde von der Weide rief.

»Danke, gut.«

»Ist sie schon größer geworden?«

»Ich glaube schon.«

Colleen stand, ohne sich zu rühren, als er ihre Hufe kürzte, Strahl und Ränder von überständigem Horn befreite und sie anschließend glattfeilte. Er erzählte mir von seinen eigenen Pferden, daß er mit ihnen auf den Herbstjagden gewesen sei, und daß er vorhabe, auf die in der Nähe stattfindenden ländlichen Turniere zu gehen.

Er schnitt Wespe aus, korrigierte die kleinen Hufe des

Fohlens, und ich war froh, als er endlich fertig war, denn der Rücken tat mir weh vom Hufaufheben.

»Bis zum nächsten Mal«, sagte er, nachdem ich ihm sein Geld gegeben hatte.

»Auf Wiedersehn.«

Am nächsten Morgen lag Colleen im Stall und stand auch nicht auf, als ich sie dazu aufforderte. Erst als ich sie anschrie, erhob sie sich schwerfällig. Sie konnte kaum einen Schritt gehen, stand nur mit weit vorgestreckten Vorderbeinen da und hatte offensichtlich große Schmerzen.

»Hufterhautentzündung«, sagte der Tierarzt, nachdem er ihre Hufe betastet hatte. Sie waren heiß.

»Aber woher denn?« fragte ich ihn verzweifelt.

»Es gibt zwei Möglichkeiten«, erklärte er mir. »Entweder ist es eine Eiweißvergiftung von zu viel jungem Gras, oder es kommt von einer großen Belastung. Reiten Sie sie schon?«

»Nein. Sie ist ja erst zwei.«

»Wann war der Schmied zuletzt da?«

»Gestern«, sagte ich.

»Ja, dann.« Der Tierarzt zuckte die Schultern.

»Was?«

»Dann hat er sie wohl zu kurz geschnitten.«

Er verordnete ihr stundenlanges Stehen in kaltem Wasser, kalte Umschläge und Stallarrest auf weicher Einstreu.

»Die Entzündung muß rasch zurückgehen. Nur wenn sich das Hufbein nicht senkt, behält sie ihren guten Gang. Wenn wir das nicht verhindern können, wird sie immer klamm gehen.«

In den nächsten Tagen stellte ich Colleen möglichst oft mit den Vorderbeinen in zwei Eimer kalten Wassers, das ich mit dem Gartenschlauch ständig zum Überfließen brachte, damit es kühl blieb.

»Weißt du«, sagte ich. »Das kriegen wir schon wieder

hin. Sicher kannst du bald wieder laufen wie früher. Du mußt nur Geduld haben und still halten!«

Sie hielt still, nuschelte mir nur mit der Nase in den Haaren herum oder schlug mit dem Kopf nach Fliegen.

Trotzdem dauerte es fast drei Wochen, bis sie wieder so weit ausgreifend trabte wie vorher. Nur wer genau hinsah, konnte beobachten, daß sie anders auftrat. Sie belastete ihre Hufe zuerst hinten auf dem Ballen, bevor die übrige Huffläche am Boden aufkam. Der Hauptschmerz mußte in den Zehen sitzen. Aber auch das verlor sich im Lauf des Sommers. Sie spielte wieder mit dem Fohlen, fraß Falläpfel und stand oft vor der Küchentüre und bettelte mich an. Darüber freute ich mich sehr.

Aber beim nächsten Mal holte ich einen anderen Schmied.

Im 11. Kapitel erzähle ich etwas über Pferdehaltung, und außerdem wird Colleen schon drei Jahre alt.

Wer sich Pferde hinterm Haus halten und sie selbst versorgen möchte, sollte sich das genau überlegen. Ihre Pflege erfordert viel Zeit und manchen Verzicht. Das erfuhr auch ich im Laufe der Jahre, obwohl mein kleines altes Haus nicht ungeeignet dafür ist. Ich kann zum Beispiel vom Schlafzimmer aus direkt auf den Heuspeicher gehen und von da das Heu in die Raufe werfen, und außerdem habe ich mir irgendwann einmal ein kleines Fenster in die Wand zwischen Stall und Arbeitszimmer brechen lassen, damit ich, immer wenn ich Lust dazu habe, in den Stall sehen kann. An langen Winterabenden, während ich noch am Tisch saß und arbeitete, stand Colleen im Stall und beobachtete mich durch das kleine Fenster. Ihre schwarzen Augen waren unverwandt auf mich gerichtet, und ich fühlte mich bei meiner Arbeit streng kontrolliert.

Gewöhnlich füttere ich die Pferde zwischen sieben und acht Uhr am Morgen. Wenn es später wird, weckt mich ihr empörtes Gewieher. Sie erzogen mich zu einer gewissen Pünktlichkeit. Die Abendfütterung findet zwischen halb fünf und halb sechs Uhr statt. Im Sommer dagegen brauche ich nur das Gatter aufzumachen und sie laufen zu lassen. Einmal am Tag muß der Stall in Ordnung gebracht werden. Der Mist wird dann entfernt und frisches Stroh eingestreut. Das geschieht, wenn ich Zeit habe. Das alles klingt so einfach, aber wenn man allein lebt, dann bringt das oft Schwierigkeiten mit sich. Zum Beispiel kann ich nicht am Tag in die Stadt fahren und anschließend am Abend dort noch ausgehen, wenn ich niemand finde, der mir dann die

Pferde versorgt. Und weil es schwer ist, jemand zu finden, hab' ich es mir abgewöhnt.

Deshalb gibt es – wenn ich es mir richtig überlege – fast ebensoviele Punkte, die für die Pferdehaltung hinterm Haus sprechen, als auch dagegen.

Punkt 1

Dafür spricht, daß man sich über sie freut, nicht nur beim Reiten, sondern auch an ihrem Anblick, wenn sie ums Haus laufen.

Dagegen, daß man sich über sie ärgert, wenn sie beim Reiten Blödsinn machen, wenn sie nicht ums Haus laufen, weil sie den Zaun durchbrochen haben, oder über ihren Anblick nach einem Schlammbad.

Punkt 2

Dafür spricht, daß man zu einem bestimmten Tagesrhythmus gezwungen wird. Er gibt dem Tag Halt und Ordnung.

Dagegen, daß man zu einem bestimmten Tagesrhythmus gezwungen wird. Man kann mit dem Tag nicht anfangen, was man will.

Punkt 3

Dafür spricht, daß es zu Bescheidenheit erzieht, wenn man den Pferdestall selbst misten muß und das Pferd putzt, bevor man es sattelt. Fein anziehen geht da nicht.

Dagegen, daß es mühsam ist, zuerst den Stall in Ordnung zu bringen und das Pferd zu putzen, bevor man es sattelt. In der Zeit, die man dafür aufwendet, ist der Besitzer eines Pferdes, das in einem Reitstall steht, schon mindestens eine Stunde geritten.

Punkt 4

Dafür spricht, daß man einen besseren Kontakt zu seinen Pferden bekommt, sie besser kennenlernt.

Dagegen, daß die Pferde einen besseren Kontakt zu ihren Besitzern bekommen, ihn besser kennen und, wenn sie so klug wie Colleen sind, jede Schwäche, die man sich ihnen gegenüber gibt, auszunützen lernen.

Punkt 5

Dafür spricht, daß man immer viele nette Freunde hat, die gern reiten oder sich mit einem über Pferde unterhalten wollen.

Dagegen, daß man auch viele Freunde hat, die annehmen, man könnte sich mit ihnen nur über Pferde unterhalten und über nichts anderes mehr und die eine solche Unterhaltung ablehnen.

Diese Liste kann man unendlich weiterführen, ohne daß man zu einem befriedigenden Endergebnis kommt. Ausschlaggebend ist letzten Endes natürlich, ob man die Voraussetzung für eine Pferdehaltung hat. Ein fester, windgeschützter Stall gehört dazu und genügend Weide. Alles andere läßt sich erarbeiten und erlernen. Was ich nicht schon wußte, brachte Colleen mir bei, im Guten wie im Schlechten.

Zuallererst lernte ich ihre Mimik verstehen. Ob sie ihre Ohren legte, stellte oder seitwärts hängen ließ, ob sie die Nüstern hochzog oder ihre Nase immer länger wurde, ob die Augen blitzten oder frech oder müde und traurig schauten. Das alles wechselte ebenso stark wie der Gesichtsausdruck beim Menschen, und ich lernte mit der Zeit, diese Sprache zu verstehen und mich darauf einzurichten.

Es war beinahe so, als ob sie mit mir redete.

Ihren dritten Lebenssommer, den ersten bei mir, verbrachte sie auf der Weide. Sie wuchs etwas, setzte Speck an und entwickelte, wenn sie mit dem Fohlen spielte, einen wunderbaren, weit ausgreifenden Trab, den ihr offenbar ihr arabischer Großvater vererbt hatte.

Zwei Monate nach der Geburt des Fohlens begann ich mit Wespe wieder auszureiten. In der ersten Zeit sperrte ich Colleen und das Fohlen in den Stall, bis sie begriffen hatten, daß Wespe für einige Zeit fort war. Später ließ ich sie laufen. Sie rannten dann schreiend am Zaun entlang, bis wir aus ihrem Blickfeld verschwunden waren, und wenn wir wieder auftauchten, begrüßten sie uns ebenso schreiend.

Im Herbst, nach einer überraschend kalten Nacht, bekam Colleen abermals eine Lungenentzündung, aber sie verlief leichter als die erste.

Wespe trug ihr viertes Fohlen im Bauch. Das dritte erzielte auf einer Versteigerung einen sehr guten Preis. Davon bezahlte ich Heu und Stroh.

In diesem Winter schlug das Wetter oft um. Nach ergiebigen Schneefällen und einigen sehr kalten Tagen gab es Föhneinbrüche. Der Schnee wurde schwer und pappig. Er lag zu hoch, um mit den Pferden zum Fluß hinunterzureiten. Als ich es einmal versuchte, kämpften sie sich mühsam vorwärts und blieben immer wieder schwitzend und schwer schnaufend stehen. Da gab ich auf, drehte um und brachte sie zurück. Im Winterauslauf trampelten sie sich schmale Pfade, auf denen sie zum Bach hinunterliefen. So hatten sie auch etwas Bewegung.

Mit dem Verlust der Winterhaare wurde Colleen wieder etwas heller. Die sommersprossigen Flecken in ihrem Gesicht vermehrten sich. Sie wurde im Mai drei Jahre alt.

In diesem Jahr wollte ich sie leicht anreiten, ohne sie zu sehr zu belasten.

Ich freute mich darauf und konnte es kaum erwarten.

Im **12.** Kapitel wird Colleen zuerst am Bein operiert und dann an den Sattel gewöhnt.

Im Frühling wurde Colleen wieder einmal krank. Eines Tages begann sie vorne links zu lahmen. Ihr Vorderfußwurzelgelenk fühlte sich dick und heiß an.

»Sie muß sich bei einem Sturz verletzt haben«, sagte der Tierarzt, nachdem er das Gelenk sorgfältig abgetastet hatte. »Vielleicht wars eine kleine Wunde, vielleicht auch nur ein Bluterguß.«

Er verordnete ihr kalte Umschläge. Aber es wurde immer schlimmer. Sorgenvoll betrachtete der Tierarzt das Bein. »Wahrscheinlich muß es aufgeschnitten werden.«

»Machen Sie das?« fragte ich ihn.

»Nein. Sie braucht eine Vollnarkose.«

Also meldete ich Colleen in der Universitätsklinik an und bestellte den Transporter.

Wespe, die sie immer noch bei jeder Gelegenheit aus dem Stall jagte, jammerte herzzerreißend, als man sie wegfuhr.

Am nächsten Tag machte ich einen Besuch in der Klinik. »Das Betreten des Stalles ist Unbefugten streng verboten«, las ich auf dem Schild an der Türe. Ich hielt mich für befugt und ging hinein. Colleen stand ziemlich verloren in einer riesigen Box.

»Na, wie gehts dir?« begrüßte ich sie. Sie spitzte die Ohren. Da kam der Professor den Gang entlang.

»Das ist meine Stute Colleen«, sagte ich schnell, bevor er mich fragen konnte, was ich denn im Stall verloren hätte. »Ich wollte bloß nachschauen, wie es ihr geht.«

»Sie muß operiert werden«, erklärte er mir. »Sie hat eine Schleimbeutelentzündung.« Und dann erzählte er mit ernster Miene, daß das keine einfache Operation sei, weil alles so nah am Gelenk liege und man aufpassen müsse, daß keine Sehne angegriffen werde, und garantieren könne er natürlich nicht für den Erfolg und, und, und...

Ich sagte zu allem ja und daß ich ihm vertraue, und wenn ihm die Operation nicht gelänge, wem dann sonst – was ihn alles sehr zu befriedigen schien.

Glücklicherweise ging alles gut. Das Bein verheilte ohne Komplikationen, und nach einigen Wochen konnte Colleen wieder laufen wie früher.

Inzwischen war es Hochsommer geworden. Die Tage waren heiß, und Bremsen quälten die Pferde. Die Bauern waren mit der Heuernte fertig, und die Schwalben im Stall hatten alle Schnäbel voll zu tun, um ihre hungrige Brut satt zu bekommen. An den langen hellen Abenden mischte sich das Quaken der Frösche mit dem Zirpen der Grillen. Amseln flöteten in den Fichten hinter dem Weiher, und wenn es dunkel geworden war, huschten Glühwürmchen durch die Büsche.

In dieser Zeit waren die Pferde lieber nachts auf der Weide als tagsüber. Ich hörte ihr Schnauben vor meinem Zimmerfenster. Irgendeines prustete und Cleo, die kleine Niederlaufhündin, fuhr hoch und bellte.

Bei schönem Wetter wachte ich regelmäßig um vier Uhr in der Frühe auf, weil irgendwo in den Zweigen der Esche vor dem Haus ein Vogel zu zwitschern begann. Bald gab ihm ein anderer Antwort. Es begann hell zu werden, und nach einer halben Stunde war das schönste Konzert in Gang.

»Wenns kein Gewitter gibt heut' abend, dann fangen wir an mit Colleen!« sagte ich eines Tages zu Sabine, einem zwölfjährigen Mädchen, deren Eltern zwei Zimmer von mir gemietet hatten, um ihre Wochenenden auf dem Lande verbringen zu können.

»Au fein!« Sie hatte gerade Sommerferien und freute sich schon lange darauf, mir helfen zu dürfen.

»Wir beginnen mit der Longe!« Ich hatte mir hinter dem Weiher einen kleinen Reitplatz hergerichtet.

Am Abend zogen wir Colleen das Stallhalfter an, nahmen Longe und Longierpeitsche und gingen hinüber. Die kleine Stute war ziemlich erstaunt. Sie wußte nicht, was wir mit ihr vorhatten, folgte uns aber voller Vertrauen, daß es nichts Schlimmes sein könnte.

»Führ sie im Kreis!« sagte ich zu Sabine, nachdem ich die Longe am Halfter befestigt hatte. Das Mädchen lief mit ihr im Kreis herum, ließ ab und zu los, achtete darauf, daß Colleen draußen blieb und griff schnell wieder zu, sobald sie versuchte, umzudrehen oder in die Mitte zu kommen. Es dauerte nicht lange, bis sie verstanden hatte, allein und auf Zuruf Schritt, Trab oder Galopp zu gehen, nicht an der Longe zu zerren und auf »Halt!« stehenzubleiben.

Nach ein paar Tagen legte ich ihr einen Gurt an. Verblüfft drehte sie sich zuerst um und betrachtete den Gürtel an ihrem Bauch, beschnupperte ihn und fand sich schließlich mit ihm ab. Jeden Abend zog ich den Gurt ein bißchen strammer, aber das störte sie nicht weiter. Auch den Sattel nahm sie mit Gleichmut hin. Ich stützte mich einmal rechts und ein anderes Mal links in die Bügel, ließ sie im Trab herumschlenkern, aber Colleen ertrug alles mit großer Geduld.

Als nächstes mußte sie sich an ein Mundstück gewöhnen, und damit ihr das ein bißchen leichter fallen sollte, nahm ich dafür eine Gummitrense. Zum ersten Mal reagierte sie unwillig, als ich sie ihr ins Maul schob. Sie versuchte, sie mit der Zunge wieder loszuwerden, und als ihr das nicht gelang, preßte sie voll Trotz ihre Lippen zusammen. Auch als ich versuchte, ihr einen Zucker dazwischenzuschieben, öffnete sie sie nicht. Und dabei ist ein Zuckerstück immer

ein gutes Bestechungsmittel. Sabine zog ihr das Stallhalfter über die Trense, und wir longierten sie wie jeden Abend.

Nach ein paar Tagen schien sie sich auch mit der Trense abgefunden zu haben.

»Ich glaube, sie hats begriffen«, sagte Sabine.

Und ich war derselben Meinung.

Am nächsten Abend hob ich Sabine hoch und ließ sie vorsichtig in den Sattel gleiten. Sie war leichter als ich, und das war besser für den Anfang. Ich führte Colleen mit lose herunterhängenden Zügeln auf dem Platz herum und redete mit ihr. »Du bist ein gutes Pferd«, sagte ich zu ihr. »Keiner meint es böse mit dir. So ist es brav – nur weiter so. Ich weiß ja, daß du klug bist. Sabine tut dir gar nichts – du bist die liebste Colleen auf der ganzen Welt.« Sie stellte ihre Ohren und hörte mir zu. Ich wußte, daß sie die Worte nicht verstehen konnte, aber sie hörte auf den Klang meiner Stimme.

Allmählich lernten Sabine und ich, es Colleen anzusehen, ob sie eine Lektion begriffen hatte oder nicht. Sie begriff rasch, rascher als alle anderen Pferde, die ich kannte. Mit der Zeit wurde ich leichtsinnig. Ich hatte als Kind schon öfter kleine Araberstuten an Sattel und Reitergewicht gewöhnt. Bei Wespe war ich sogar allein gewesen, weil sich niemand fand, der mir helfen konnte. Und Wespe hatte mit mir genau das gemacht, was ihrem Temperament entsprach: Als es ihr nämlich zu dumm wurde, hatte sie sich einfach mit mir hingelegt.

Colleen besaß eine rasche Auffassungsgabe, und deshalb übersprangen wir einige Lektionen.

Als ich mich das erste Mal auf sie setzte, nahm Sabine die Haflingerstute mit, und wir gingen gleich ins Gelände. Colleen lief weich und aufmerksam hinter Wespe her. Es war ein Vergnügen, sie zu reiten. Endlich war es soweit. Sie kam mir gar nicht mehr klein vor. Ich fühlte mich großartig. Das war der Augenblick, auf den ich so lange gewartet hatte.

Doch es sollte nicht lange anhalten.

Als nämlich mein Nachbar Hans mit dem Rad des Weges daherkam und bewundernd fragte: »Ist das jetzt schon Deine Neue?« und ich ihm stolz erwiderte: »Ja, ist sie nicht brav?«, da blieb ich bei ihm stehen, um mich nach der Ernte zu erkundigen. Das war ein unverzeihlicher Fehler. Colleen stand da, als sei sie schon alt und erfahren. Sie überlegte. Angestrengt dachte sie darüber nach, wie sie das lästige Gewicht auf ihrem Rücken loswerden könnte, und offensichtlich hatte sie auch bald eine Idee.

»Servus«, sagte ich zu Hans. »Mach's gut!«

»Du auch«, sagte er.

Ich ritt mit losem Zügel an. Colleen machte einen Schritt vorwärts, dann steckte sie mit einem Riesensatz den Kopf zwischen die Beine, spannte den Rücken an und katapultierte mich nach unten.

Sabine lachte so, daß sie bald selbst heruntergefallen wäre. Nur mein Nachbar war so höflich, nicht zu lachen.

»Scheißvieh!« rief ich voll Zorn und mit gar nicht mehr zärtlicher Stimme und wußte doch sofort, daß ich selbst daran schuld gewesen war.

Colleen stand ruhig da und betrachtete mich mit großen, erstaunten Augen.

»Hast du dir wehgetan?« fragte Sabine scheinheilig.

Wortlos stieg ich wieder auf.

Wortlos ritten wir heim.

Trotz aller Vorsicht passierte es einige Monate später noch einmal. Wieder hatte mich ein Bauer in ein Gespräch verwickelt, und wieder benützte Colleen die Gelegenheit und den losen Zügel, um mich mit einem Satz hinunterzubefördern.

Danach wußte ich Bescheid, und außerdem hatte ich noch erfahren, daß auch Stürze zu Bescheidenheit erziehen.

Colleen war eben in jeder Beziehung eine gute Lehrerin.

Das **13.** Kapitel handelt von Beauty und macht auch sonst seinem Namen Ehre.

In jenem Herbst war ich in mehr als einer Hinsicht leichtsinnig. Ich hatte Wespes Fohlen wieder zu einem anständigen Preis verkauft. Die Ernte war sehr gut gewesen, und ich konnte einen Teil des Winterheus mit Hilfe eines Nachbarn von der eigenen Wiese selbst einbringen. Den Rest kaufte ich günstig dazu. Außerdem hatte ich eine größere Arbeit beendet, und sie war auch gleich bezahlt worden. Mit dem Geld hätte ich eigentlich etwas für mein Auto tun sollen. Es war uralt und löste sich allmählich in seine Bestandteile auf. Deshalb wäre es ziemlich notwendig gewesen, es gegen ein weniger altes umzutauschen. Aber das lag mir fern, denn ich kaufte Beauty. Beauty war ein schönes, kräftiges Connemarastutfohlen. Ich hatte ihre Mutter in Irland geritten und den Vater dort gesehen. Die Mutter war trächtig nach Deutschland gebracht worden und hatte im Frühjahr ein Stutfohlen zur Welt gebracht. Das Fohlen versprach sehr groß zu werden. Es hatte eine ausgeprägte Ramsnase und ein helles, waches Gesicht. »Verkaufen Sie es mir?« fragte ich den Besitzer. Er nannte mir einen Preis, den ich bezahlen konnte, und so wurden wir handelseinig.

Natürlich stand Beauty in der Rangordnung unter Colleen. Jetzt jagte sie das Fohlen aus dem Stall, wenn es ihr paßte, und sie behandelte es ebenso, wie Wespe sie behandelt hatte, als sie neu zu mir gekommen war.

Der Winter brachte wieder viel Schnee. Die Pferde trampelten sich entlang des Zaunes einen Pfad, der mit der Zeit immer höher wurde, bis ihnen schließlich die oberste Zaunstange, die sonst nur bis zu den Augen reichte, vor der Brust stand. Ich hatte Angst, sie würden darüberspringen, aber sie waren so anständig, es nicht zu tun. Ihr Pelz war dicht wie immer, und wenn es sehr kalt war, dann stellten sie die Haare auf. Zum Reiten war der Schnee zu hoch.

Ende März taute es. Bald erschienen auf den Wiesen draußen braune Flecken, die immer größer wurden. Kiebitze hockten in großen Schwärmen auf den Feldern. Wenn ich vors Haus trat, konnte ich sie rufen hören.

In diesem Jahr sollte Colleen zum ersten Mal gedeckt werden. Beautys Züchter hatte mit ein paar Stuten auch einen Hengst von Irland mit herübergebracht. Es war ein schöner, starker Falbhengst mit kräftigem Hals und einem gutmütigen Wesen. Ich brachte Colleen zu ihm. Er war sehr zärtlich zu ihr. Ich ließ sie ein paar Tage dort, und als ich sie wieder zurückholte, war sie gedeckt.

Im Frühsommer verkaufte ich Wespe. Ein Züchter bot mir einen guten Preis für sie und das neue Fohlen. Er wollte nur mit ihr züchten, und da sie eine sehr gute Mutter war, gab ich sie ihm. Ich hatte ja jetzt Colleen und Beauty.

Die große Wiese brauchte einen neuen Zaun, und so ein Zaun ist ziemlich teuer. Während daran gearbeitet wurde, kamen Colleen und Beauty auf eine Gastweide zu ein paar Shetlandponys. Diese Koppel lag am Rande eines großen Moores. Nachts grasten Rehe zwischen den Pferden, und ab und zu ließ sich ein Wiedehopf sehen. Colleen und Beauty gewöhnten sich aneinander. Sie hielten sich von den Shetlandponys fern, standen oft da und kraulten sich an den Mähnen oder galoppierten eine Runde. Als es zum ersten Mal heiß wurde und Fliegenschwärme über die Pferde herfielen, graste Beauty so dicht hinter Colleen, daß ihr Gesicht von ihrem Schweif gestreift wurde. Sie verhinderte so, daß sich die Fliegen in ihren Augen absetzten.

Jetzt, nachdem Wespe weg war, wurde Colleen Stallkönigin, und sie gab diese Stellung auch nicht mehr her.

In diesem Sommer passierte etwas, das immer passieren kann, wenn man sich Pferde hält und sie mit anderen Pferden in Kontakt kommen, und ich begriff spätestens zu diesem Zeitpunkt, daß ein großer Teil der Kosten, den man für eine Pferdehaltung aufbringen muß, aus Tierarztrechnungen besteht.

Zwei Shetties aus dem Bestand, mit dem Colleen und Beauty auf der Weide liefen, brachten von einer großen landwirtschaftlichen Ausstellung die Druse mit heim. (Druse ist eine Erkrankung der oberen Luftwege. Meistens entsteht dabei ein Abszeß zwischen Unterkiefer und Kehlkopf, der aufgeschnitten werden muß.)

Bis die Krankheit erkannt wurde, hatten sich schon fast alle Pferde gegenseitig angesteckt, und es nützte auch nichts, daß ich Colleen und Beauty zu mir holte.

Sie trugen es schon in sich.

So war denn für viele Wochen das Fiebermessen meine erste Beschäftigung am Morgen. Es war schrecklich mit anzusehen, wie sehr die Pferde die Köpfe hängen ließen. Ihre Ohren kippten zur Seite, die Augen blickten müde, und wenn ich sie hinausließ, stolperten sie traurig draußen herum. Colleen bekam keinen Abszeß, aber Beauty mußte zweimal geschnitten werden.

Ich weiß nicht mehr, ob es ein schöner oder ein verregneter Sommer gewesen ist, ob und wie oft der Bach Hochwasser führte, die Schwalben ein- oder zweimal brüteten und es ein gutes oder schlechtes Apfeljahr war. Ich litt, als ob ich selbst krank wäre. Meine Welt war in Unordnung.

Immer wieder flammte das Fieber auf, hatte die Hoffnung, nun bald alles überstanden zu haben, getrogen. Beide Pferde begannen zu husten. Ich gab ihnen Hustensaft und Hustenpulver, ließ sie Kräuterdampf einatmen, schützte sie vor Nässe, so gut es ging, und wußte doch, daß nur die Zeit sie wieder gesund machen würde.

Aber es wurde Herbst, bis der Husten nachließ und das Fieber endgültig ausblieb. Es war ein Sommer voller Sorgen gewesen, und als die Blätter an den Bäumen schließlich gelb wurden und die Abende kühl, freute ich mich über jeden Sonnentag, an dem Colleen und Beauty ihre Weide noch genießen konnten. Nach einem nassen, verregneten November brachte der Dezember Kälte und etwas Schnee. Ich begann wieder zu reiten. Beauty wurde daran gewöhnt, als Handpferd mitzulaufen. Zuerst zerrte sie an ihrem Strick oder blieb einfach stehen, doch bald gewöhnte sie sich daran. Sie war jetzt anderthalb Jahre alt und fast so groß wie Colleen. Es machte Spaß, sie leichtfüßig nebenherlaufen zu sehen, immer auf gleicher Kopfhöhe mit dem Sattelpferd. Mit einem Handpferd zu reiten, hat einen eigenen Reiz. Ein gut erzogenes Handpferd bedeutet für mich keine Mühe. Der blanke, frei auf- und abschwingende Rücken neben mir, die fliegende Mähne und die aufmerksam gespitzten Ohren erfreuen mich immer.

Es ist Reiten mal zwei: Sich bewegen, fühlen und beobachten zugleich.

An kalten Tagen rückten die Berge in weite Fernen. Vom Fluß flatterten Wildenten hoch, und Cleo, die kleine Hündin, bellte ihnen fröhlich nach. Sie mußte sich manchmal hinsetzen, um den Schnee, der sich zwischen ihren Ballen festgeklemmt hatte, herauszubeißen, und wenn ich mit den Pferden so lange stehenblieb und auf sie wartete, drehte Colleen sich immer wieder um, als wollte sie sie auffordern, sich gefälligst zu beeilen.

Das ist der Schluß des dreizehnten Kapitels, und ich bin froh darüber, denn ich erinnere mich nur ungern an diese Zeit.

Im 14. Kapitel regnet es viel, und Colleen bekommt ihr erstes Fohlen.

Manchmal regnet es hier wochenlang. Meistens im Frühsommer. In dem Jahr, in dem Colleen ihr erstes Fohlen erwartete, setzte der Regen schon Ende Mai ein. Das Gras auf den Wiesen legte sich um, weil es die Nässe nicht mehr ertrug, Moos wucherte auf dem Hausdach, und an den Stellen, an denen die Dachplatten nicht mehr genau aufeinanderlagen oder an denen der Frost eine zerrissen hatte, tropfte es auf den Heuboden. Im Arbeitszimmer erschienen feuchte Flecken an der Decke, und ich beeilte mich, Schüsseln und Pfannen unterzustellen, um das Wasser darin aufzufangen, bevor es Schäden anrichten konnte.

Den Pferden fütterte ich Heu dazu, damit sie nicht immer draußen im Regen standen. Sie hatten bereits völlig abgehaart und zitterten oft vor Kälte. Der Bach hinter dem Haus schwoll bedrohlich an. Er riß alles mit sich, was nicht fest verwurzelt war: Äste, Baumstämme, Zaunpfosten und manchmal auch leichtsinnige, kleine Wildenten. Ein gutes Stück bevor er unter der Straße durchfloß, strömte er über die Wiesen, ergoß sich im Wald vor dem Haus in den Weiher und kehrte in einem breiten Wasserfall über die Staumauer wieder in sein altes Bett zurück.

Colleens Bauch war unförmig angeschwollen. Wenn sie gerade nicht mit Fressen beschäftigt war, stand sie mit hängendem Kopf da und horchte in sich hinein. Dann schien es, als rede sie mit ihrem ungeborenen Kind. Manchmal, und meistens dann, wenn sie Durst hatte und trank, hüpfte das Fohlen in ihrem Bauch hin und her.

Dem Kalender nach war die Zeit schon vorbei, aber ihr

Euter war erst leicht angeschwollen. Obwohl noch keine Anzeichen von Milcheinschuß zu bemerken waren, begann ich, nachts aufzustehen. Es war ihr erstes Fohlen, und erste Fohlen kommen oft überraschend.

Es regnete weiter. Das Wasser vor dem Stall schoß in die Gullis. Es schwemmte Laub und Erde hinein und verstopfte sie. Ich hob mit einer Hacke den Rost hoch, fuhr mit der Hand in das Rohr und reinigte es. Immer noch strömte der Bach lehmig braun durch den Weiher. Er stieg und überschwemmte das Ufer, riß Algen und Schilf mit sich. Draußen an der Brücke staute sich das Wasser ebenfalls, füllte eine Wiese auf, lief über die Straße, die Einfahrt, die Weide, durch einen Graben und wieder zurück in den Weiher.

Das Haus stand wie auf einer Insel. Ich mußte das Auto wegfahren, denn in der Garage stieg das Wasser einen Meter hoch. Als ich die Pferde einmal einige Zeit eingesperrt hatte, damit ihr Fell abtrocknen konnte, und dann das Gatter wieder öffnete, konnte Colleen es nicht mehr erwarten: Sie sprang mit einem steilen Satz über den Zaun, blieb dann kurz stehen, sah sich verdutzt um und galoppierte weiter, als ob nichts geschehen wäre.

Für einen Augenblick blieb mein Herz stehen.

Zwei Nächte lang schlief ich auf der Bank im Arbeitszimmer. Ich schlief unruhig, wachte immer wieder auf und schaute durch das kleine Fenster. Aber Colleen stand ruhig da und träumte oder kaute Stroh.

Dann, eines Morgens, waren die Wolken fort. Eine heiße Sonne schien auf die überschwemmte Landschaft. Die Berge verschwanden im Dunst. Es wurde schwül. Aus allen Ecken krochen die Fliegen und quälten die Pferde. Am späten Nachmittag stieg eine schwarze Wolkenwand hinter dem Wald im Westen hoch. Die Schwalben huschten tief über das Wasser.

Gegen Abend sperrte ich die Pferde ein, Beauty in den

kleinen Verschlag, Colleen in den großen. Ich streute ihnen dick Stroh ein, in dem sie zufrieden herumknabberten.

Als das Gewitter über uns hereinbrach, wurde es plötzlich dunkel. Irgendwo in der Nähe schlug der Blitz ein, und im Haus fiel der Strom aus. Cleo verkroch sich zitternd unter die Bank. Sie haßte Gewitter.

In den Bäumen hinter dem Haus tobte der Wind. Einzelne Tropfen fielen in den Weiher, bildeten Kringel, die sich rasch miteinander vereinigten und bald die ganze Oberfläche in Bewegung brachten. Der Sturm trieb den Regen in Böen vor sich her. Er drückte ihn an die Westwand des Hauses und durch die Bodenritze der Tür ins Arbeitszimmer. Ich rannte mit Eimer und Lumpen und wischte und wischte. Unbarmherzig schlug der Regen an die Fenster, ließ Wiese, Weiher, Bäume und Sträucher verschwimmen, zerrupfte die Geranien in den Kästen und warf die Gartenstühle um.

Die Pferde schnaubten und traten unruhig hin und her. Es war mir unmöglich, durch das kleine Fenster zu erkennen, was sie beunruhigte. Doch als ich hinauslief und nachsah, mußte ich feststellen, daß das Wasser schon wieder die Gullis mit Dreck vollgeschwemmt hatte, und da es nicht mehr abfließen konnte, stand es den Pferden im Stall bis über die Fesseln.

Der Regen hatte nachgelassen. Colleen und Beauty stolperten draußen im Schlamm herum, während ich in der trüben, stinkenden Stallbrühe nach den Rosten tastete, sie anhob und die Abflüsse reinigte. Zischend schoß das Wasser in die Rohre, wo es gurgelnd und seufzend verschwand. Der Stall mußte sauber gemacht und ausgekehrt werden. Das nasse Stroh wurde auf den Mist gefahren, frisches, trockenes vom Heuboden geworfen und neu eingestreut.

Es war stockfinstere Nacht, als ich mit allem fertig war und die Pferde wieder hineinlockte. Ich griff Colleen ans

Euter. Es war immer noch schlaff und ohne Harztropfen, die ein sicheres Anzeichen für die einlaufende Milch sein würden. Doch das Fohlen hatte sich gesenkt. Es wollte bald geboren werden. Ich war ziemlich erschöpft und legte mich hin. Es war eine Stunde vor Mitternacht.

Um ein Uhr wachte ich wieder auf. Colleen stand im Stall und fraß Stroh. Beauty schlief. Sie stand auch nicht auf, als ich zu ihr in den Verschlag kam, öffnete nur einmal kurz die Lider und ließ sie wieder fallen.

Ich ging wieder ins Bett und stellte den Wecker auf drei. Irgend etwas stimmte nicht.

Irgend etwas beunruhigte mich, und ich konnte nicht erklären, was es war. Die Nacht draußen war klar, der helle Sternenhimmel wie reingewaschen, die Luft frisch und kühl.

Um drei stand ich wieder auf und ging in den Stall.

Als ich das Licht anmachte, wieherte Colleen dunkel und zärtlich. Es war, als riefe sie jemanden. Da wußte ich, daß sie ihr Fohlen auf die Welt gebracht hatte. Es lag halb zugedeckt im Stroh. Sein dunkles Fell war noch feucht und warm.

Es war ein Stutfohlen.

Über seinem Kopf hing ein Stück von der Eihaut, die es im Mutterleib umschlossen hatte. Es klebte wie ein nasser, weicher Sack über Ohren, Augen und Nüstern, und daran war es erstickt. Colleen hatte ein lebendes Fohlen auf die Welt gebracht, das wenige Augenblicke nach seiner Geburt gestorben war.

Das 15. Kapitel handelt vom Reiten.

Obwohl das Fohlen nie aufgestanden war und nie an ihr getrunken hatte, trauerte Colleen einige Tage. Bald danach ließ ich sie beschlagen. Sie machte kein Theater wie viele andere Pferde, denen der Schmied zum ersten Mal die Eisen anpaßt. Sie stand ruhig da und prustete höchstens einmal, als das rotglühende Metall das Horn verbrannte und ihr der beißende Geruch in die Augen stieg.

»Braves Pferd«, lobte sie der Schmied. »Was man da manchmal so erlebt, ist schlimm!«

Ina, ein junges Mädchen, begleitete uns oft auf unseren Ritten. Sie war immer fröhlich und hatte rote, gekräuselte Haare. Ihr Arabo-Haflingerwallach hieß Sadi. Sie arbeitete in der Stadt und hatte nur an den Wochenenden Zeit. Sadi war bei einem Nachbarn untergebracht.

»Was ist, reiten wir?« fragte sie mich oft. Und dann ritten wir miteinander.

Colleen sollte lernen, den Fluß zu durchqueren.

Zwischen dem Haus und dem Fluß befindet sich nur eine Wiese und ein Streifen Wald. Der Wald besteht aus Fichten, Buchen und einigen Ahornbäumen. Doch dort, wo sich der Fluß tief eingegraben hat, wachsen Kiefern. Vor einigen Jahren, als es in seinem Oberlauf noch keinen Stausee gab, der das Hochwasser zurückhielt, fraß er so lange am Ufer, bis nach und nach ein Baum nach dem anderen mitsamt der Scholle über den Steilhang nach unten kippte und von der Strömung mitgerissen wurde. Von oben hat man einen weiten Blick über das Tal. Die Wasser des Flusses umarmen flache, unkrautbewachsene Kiesinseln, auf denen Bachstelzen und Flußregenpfeifer herumlaufen. Das jenseitige Ufer wird von Weidengestrüpp bedeckt, und auf dem weißen Kies zeigen dunkle, verkohlte Flecken, wo die Wochenendurlauber grillen. Weit hinten im Süden über waldigen Hügeln liegen die Berge, in denen der Fluß seinen Ursprung hat. Um ihn zu durchqueren, mußten wir über den Steilhang ins Flußbett hinunter. Es gab nur einen schmalen, vom Regenwasser ausgewaschenen Einschnitt mit einem kleinen Überhang, der für die Pferde kaum mehr als einen Schritt bedeutete, aber der sie große Überwindung kostete. Es war nur ein kleiner Schritt, aber danach ging es steil abwärts, und davor fürchteten sie sich. Colleen trippelte ängstlich hin und her, als ich sie dazu aufforderte. Sie stand mit langem Hals und schnaubte, machte einen Schritt vorwärts, dann einen Satz zurück und wartete. Ich ließ ihr Zeit.

Dann, nachdem sie eine Weile an der Kante gestanden hatte, riskierte sie es, rutschte auf dem Steilhang ab und stand schließlich zitternd und stolz auf dem Kiesgrund.

»Komm nach! Es geht gut!«

Sadi, der sich nicht von der Stute trennen wollte, rutschte hinterher. An Wasser war Colleen schon von Irland her gewöhnt. Und wenn sie aus dem Bach hinter dem Stall trank, stand sie meistens mit allen vier Hufen im Nassen und plantschte.

Glitzernde, fließende Strömung war etwas anderes. Auch wenn die hellen Steine am Grund immer sichtbar bleiben, so treiben doch manchmal losgerissene Algen daher. Dunkel, wie unheimliche Tiere umschlangen sie die Beine und erschreckten die Pferde.

»Schau nicht aufs Wasser!« Mir wurde schwindlig, weil ich zu lange auf die ständig sich bewegende Oberfläche gesehen hatte. Alles drehte sich und stand erst wieder still nach einem Blick auf die Weiden am anderen Ufer.

Es war nicht leicht, die flachsten Stellen zu finden. In der

Mitte des Flusses mußten wir ein Stück aufwärts gegen die Strömung bis an eine Kiesinsel und danach wieder abwärts. Zeitweilig ging den Pferden das Wasser bis zur Brust. Sie schoben es vor sich her, glitten ab und zu auf einem Kieselstein aus und fingen sich wieder. Ein paar Meter vom Ufer entfernt begannen sie, in sprühender Gischt zu traben und sprangen dann mit einem großen Satz über die Böschung an Land.

»Gut«, sagte Ina zufrieden, lachte und klopfte den Hals ihres Pferdes.

Wir zwängten uns durch Auwald, kamen auf einen schönen Waldweg, der zu schnellerer Gangart einlud, und später in hügeliges Wiesengelände. Die Bauern sahen uns erstaunt nach, weil sie in ihrem Gebiet keine Reiter kannten. Obwohl es nur wenige hundert Meter Luftlinie waren, wußten sie doch nicht, wer auf der anderen Seite des Flusses lebte. Wir grüßten sie freundlich. Sie grüßten verlegen zurück.

Wir erreichten ein Gehöft, ritten weiter, vorbei an Weiden mit grasendem, glockenbehängtem Vieh bis an ein Dorf. Dort drehten wir um und kehrten heim, wieder zurück über den Fluß.

Diese Flußdurchquerungen waren immer kleine Abenteuer. Nie steht das Wasser gleich hoch. Oft ist es wochenlang unmöglich, die andere Seite zu erreichen. Ständig ändern sich Hauptstrom und Nebenarme. Das Kiesgeschiebe läßt neue Inseln entstehen, alte werden weggeschwemmt.

An heißen Sommersonntagen verabredeten wir uns früh am Morgen. Das hieß aufstehen, bevor die Sonne hinter den Hügeln aufging, im Dämmern die Pferde von der Weide holen, Colleen putzen und satteln und Beauty mit etwas Hafer auf die bevorstehende Trennung vorbereiten.

Bis wir uns trafen, stand die Sonne schon knapp über dem

Wald. In den Spinnweben glitzerten die Tautropfen, und an den Waldrändern ästen noch Rehe.

Die Pferde keuchten einen Hohlweg hoch. Manchmal stiegen wir ab und liefen nebenher oder hängten uns an ihre Schweife und ließen uns ziehen.

Wenn wir oben angekommen waren, fragte ich: »Wohin?«, und Ina sagte: »Erstmal nach links!« Wir ritten meistens zuerst nach links.

Dort verführte ein flacher Wiesenweg zum Galoppieren, und weiter hinten brachte er uns auf eine Anhöhe, von der man weit über das Land sehen konnte.

Wir ritten nebeneinander her, die losen Zügel in der Hand, unterhielten uns und lachten viel.

Es war noch kühl so früh am Morgen. Die Fliegen ließen uns noch in Ruhe. Colleen lernte, über Baumstämme zu springen. Sie bekam Freude daran, einen oder zwei querliegende Stämme mit einem weiten, verlängerten Galoppsprung zu überwinden.

»She will be a good jumper«, hatte John McDonnell versprochen. Ich weiß nicht, ob sie es war, aber mehr brauchte sie nicht zu können. Nur Gräben konnte sie nicht ausstehen. Und deshalb vermied ich, Strecken mit ihr zu reiten, auf denen Gräben unseren Weg kreuzten.

Manchmal begegneten uns frühe Spaziergänger, Himbeerpflücker und später im Sommer auch Pilzsucher. Es fielen Bemerkungen wie: »Na, nehmt euere Pferde mal besser an den Zügel!« oder: »Mensch, sind die groß und reiten so kleine Pferde!« Ganz schlimm wurde es, wenn wir anderen Reitern begegneten. Sie blickten dann ein wenig mitleidig auf uns herab und lächelten milde.

Mit der Zeit gewöhnte ich mir ab, daß es mich traf. Mit kleinen Pferden kann man nicht angeben, aber immerhin kamen die Tartaren mit ihnen aus China bis hierher und eroberten halb Europa.

Einmal blieb Colleen in einer herumliegenden Draht-schlaufe hängen. Sie drehte durch, stieg, schlug aus, und ihre Ohren standen steil nach hinten vor Angst. Es war Ina unmöglich, an sie heranzukommen und den Draht zu ent-fernen. Nach ein paar Sekunden konnte sie sich selbst befreien. Wir atmeten beide auf vor Erleichterung.

An kühlen Tagen, wenn ein nieselnder Regen uns ins Gesicht tropfte und die Wipfel der Fichten im Nebel ver-schwanden, liefen die Pferde wie elektrisiert. Sie vibrierten vor Erregung, wollten schneller gehen, spitzten die Ohren und waren nicht müde zu kriegen.

»Geh' halt langsam!« sagte ich dann zu Colleen und erinnerte mich an Wespe, die nur so schwer vorwärts zu bringen war. Colleen war ganz anders. Ob sie mit weit ausgreifenden Schritten dahintrabte oder sich im schnellen Galopp streckte: Sie wollte vorwärts gehen und brauchte kaum angetrieben zu werden, obwohl sie eigentlich immer zu fett war.

»Sieht sie nicht aus, als ob sie Zwillinge erwartet?« spottete Ina oft. Aber ich gab es ihr zurück.

Auch ihr Sadi litt nicht an Magersucht.

Im Winter verkürzten wir unsere Ritte, zogen Pelzstiefel an und dicke Schals über den Kopf.

Eines Tages glitt Colleen in einem Hohlweg aus und stürzte an einer steilen Stelle. Ich hatte sie lose am Zügel geführt. Ina ging vor mir.

Colleen versuchte aufzustehen und fand keinen Halt auf der eisigen Platte.

»He, aufstehen!« schrie ich erschrocken.

»Treib sie hoch!« rief Ina.

Colleen versuchte es zweimal. Dann ergab sie sich in ihr Schicksal, streckte alle Viere von sich und verdrehte die Augen. Es war, wie wenn sie sagen wollte: Es hat ja doch keinen Zweck. Gleich sterbe ich. Vielleicht bin ich schon tot. Die dunklen Pupillen rutschten nach oben. Langsam glitt der schwere Pferdekörper auf einen eisigen Graben zu, aus dem es ohne fremde Hilfe unmöglich sein würde, ihn wieder herauszuholen.

»Hilf mir!«

Ina ließ ihr Pferd los. In Windeseile riß sie einen Stecken ab und reichte ihn mir.

»Steh sofort auf!« brüllte ich und schlug zu. Es blieb mir nichts anderes übrig.

Da riß sich Colleen noch einmal zusammen. Sie schob die Vorderbeine unter den Leib, setzte sich hoch und sprang auf. Mit zwei mächtigen Sätzen überquerte sie das Eis.

Seitdem habe ich den Hohlweg nie wieder im Winter benützt.

Ein anderes Mal glitt sie auf einer unter dem frischen Schnee verborgenen eisigen Pfütze aus. Mitten im Galopp riß es ihr die Beine weg, und sie fiel auf die Seite. Der Schwung des Sturzes schleuderte mich ein paar Meter weit in den weichen Schnee.

»Ist was passiert?« rief Ina ängstlich.

Ich lachte. Aber sie war grün im Gesicht.

Im **16.** Kapitel wird Colleen auf einer Ausstellung gezeigt.

Im darauffolgenden Jahr wurde ich größenwahnsinnig.

Im Frühjahr brachte ich Colleen zu einem Araberhengst und im Spätsommer auf eine große Ausstellung. Den Araberhengst hatte ich mir eingebildet, weil in ihren Adern sowieso schon Araberblut floß, weil Wüstenpferde für mich den Inbegriff von Schönheit bedeuten und weil gerade dieser Hengst groß und stark daherkam. Er stammte von polnischen Arabern ab, und die polnischen Fürsten hatten schon immer harte und gute Pferde gezüchtet. Daß er über die Maßen ängstlich war, erfuhr ich erst viel später.

Ich holte mir also eine Sondergenehmigung vom Zuchtverband – es war normalerweise nicht erlaubt, verschiedene Rassen untereinander zu kreuzen – und ließ Colleen von »Hadif« decken. Im selben Frühling wurde Beauty drei Jahre alt. Sie war ein gutes Stück größer als Colleen. Sobald der Reitplatz schneefrei war, begann ich mit ihr zu arbeiten. Mit drei Jahren lernt ein Pferd am leichtesten. Es sollte noch nicht belastet werden, weil Knochen und Sehnen für eine Belastung noch zu weich sind. Aber es ist gut, wenn man sie in diesem Alter an Sattel und Reitergewicht gewöhnt. Beauty entdeckte schnell ihre Kraft. Es gab Kämpfe, bevor sie ruhig und am langen Zügel auf kleinen Ausritten mitging.

Colleen war jetzt soweit, daß sie von jedem Kind geritten werden konnte. Sie ging immer noch mit ihrer Gummitrense, und immer noch verzog sie unwillig das Gesicht, wenn ich sie ihr ins Maul schob. Ich war blind für ihre Fehler geworden, und deshalb meldete ich sie und Beauty für die alljährlich stattfindende Landesponyschau an.

Ina wollte uns begleiten.

Ende August sollte diese Ausstellung stattfinden.

Es wurde heiß.

Wir wuschen die Pferde von Kopf bis Fuß mit feinem Haarshampoo. Sie strahlten wie eine Waschmittelreklame. Aber Spaß hatten sie keinen daran.

Am Tag vor der Ausstellung verluden wir sie zusammen mit einer Horde Shetlandponys, die ebenfalls dort ausgestellt werden sollten, mit Wägen, Sätteln, Hafersäcken und Futterkisten. Es kam mir vor wie ein reisender Zirkus.

Ina und ich hockten neben dem Fahrer. Es war ein großer Transportwagen. Die Pferde standen ruhig.

Die Wiesen rechts und links der Straße nahmen bald ab. Wir fuhren ins Tiefland, wo mehr Getreide angebaut wurde. Auf den abgeernteten Feldern hockten Bussarde. Staub lag auf den Bäumen entlang der Straße. Einmal fuhren wir ein Stück an einem See entlang, dann wieder durch endlose Landschaft und graue Dörfer. Fünf Stunden später kamen wir an.

Colleen hatte kein trockenes Haar mehr am Leib. Die Hitze, die Aufregung, der Wagen voller fremder Pferde, das alles war zu viel für sie gewesen. Ich führte sie etwas, bevor ich sie neben Beauty in ihrem Stand festmachte.

Neben dem Schauplatz war ein Volksfest im Gang. Auto-Scooter, Toboggans, Karussells, viele Buden und ein Riesenrad brachten die Menschen in Stimmung. Der Platz, auf dem die Ausstellung stattfinden sollte, bestand aus einem mit einem Holzzaun eingefaßten Rechteck, das auf einer Seite von den Stallzelten, auf einer anderen von dem Volksfest und auf der dritten von einer landwirtschaftlichen Maschinenschau begrenzt war. Auf der vierten und letzten Seite trennte ihn ein Graben mit einer Böschung von der Straße.

Ich ersah aus dem Katalog, daß außer Colleen und Beauty

nur noch ein Connemarapony in der Konkurrenz war. Ein Blick auf diese Stute bestärkte mich in der Überzeugung, daß niemand Colleen den ersten Preis nehmen könnte.

Der nächste Tag versprach noch heißer zu werden als die vorhergehenden. Wir standen früh auf, putzten die Pferde und machten die Stände sauber. Ich legte Colleen einen Sattel auf, nahm Beauty an die Hand und ließ beide in ruhigem Trab ein paar Runden auf dem Platz gehen. Sie sollten sich etwas bewegt haben, bevor die Prämierung begann. Einige andere Besitzer hatten die gleiche Idee. Ein kleiner Junge longierte einen Welshponyhengst. Eine dicke Frau führte ein paar Shetlandponys spazieren.

Ich blieb so lange, bis ich vertrieben wurde. Der Platz wurde mit gelben Plastikbändern in einzelne Ringe unterteilt.

Um neun Uhr begannen die Richter mit ihrer Arbeit. In einem Ring wurden die Shetlandponys gerichtet, in einem anderen die Isländer, und weil das nicht so viele waren, kamen nach ihnen im selben Ring die New Forest Ponys. Die Connemaras folgten den Welshponys.

Zwei Richter beurteilten zuerst jedes Pferd einzeln. Sie schrieben sich Bemerkungen auf einen Zettel, während es ruhig vor ihnen stehen mußte, auf und ab ging oder trabte. Vorgeführt wurden die Pferde von ihren aufgeregten, oft schwitzenden Besitzern oder deren Kindern, die unentwegt von außen Verhaltensmaßregeln zugerufen bekamen. Wenn die Ponys nicht laufen wollten, trieb sie ein Mann mit einer langen Peitsche an.

Jede Rasse wurde in einzelne Klassen unterteilt. Diese Klassen richteten sich nach dem Alter der Pferde. Nachdem jedes für sich allein beurteilt worden war, ließ man sie anschließend zusammen im Kreis herumgehen. Dabei stritten sich die Richter um die Reihenfolge der endgültigen Plazierung.

»Dieses«, sagte der eine und deutete auf eines in der Mitte.

»Ich finde jenes besser«, widersprach ihm der andere und meinte damit das, welches sowieso schon vorne ging.

In jeder Klasse konnte es mehrere erste und zweite Preise geben. Die ersten Preise konnten von 1a bis f gehen, und die zweiten Preise bekamen die schlechteren Pferde, die mangelhaften, unkorrekten, nicht rassetypischen. Auch hier konnte es mehrere geben. Dritte Preise gab es nicht.

Waren alle Klassen einer Rasse gerichtet, mußten die 1a Preisträger noch einmal gegeneinander antreten. Unter ihnen wurde der Sieger ermittelt.

Während der Prämierung hallte das Gedudel des Volksfestes über den Schauplatz, ängstliche Schreie von der Achterbahn und das Aneinanderkrachen der kleinen Autos im Auto-Scooter.

Ein Mann schrieb die Nummern der Sieger an eine Tafel, von der sie die Zuschauer ablasen und in ihre Kataloge eintrugen. Es war beinahe Mittag, als die Connemaraponys drankamen. Der Himmel war fast weiß vor Staub und Hitze. Ein Gewitter lag in der Luft. Beauty war die jüngste von den dreien. Sie trug die Nummer dreiundachtzig und kam zuerst dran. Ina versuchte verzweifelt, sie fachgerecht hinzustellen. Immer wieder schlug Beauty nach einer Fliege oder drehte sich nach Colleen um, die außerhalb des Zaunes auf ihren Auftritt wartete. Sie sah das alles nicht ein, was man ihr ja nicht verdenken konnte. Inas Anstrengungen erreichten ihren Höhepunkt, als sie Beauty vortraben lassen mußte. Am Endpunkt blieb sie prustend mit puterrotem Kopf und völlig erschöpft stehen, bis einer der Richter sie hinauswinkte.

»Nummer vierundachtzig!« rief ein Mann.

Das war Colleen. Ich stellte sie so vor den Richtern auf, daß sie Beauty sehen konnte, und redete mit ihr.

»Braves Pferd – bleib schön stehen – nur noch einen Augenblick, dann sind sie fertig. Du bist die Allerschönste – da führt kein Weg dran vorbei...« leierte ich in beruhigendem Singsang vor mich hin und wußte zugleich, daß ich mindestens so aufgeregt wie mein Pferd war.

Colleen stand musterhaft. Sie blickte mit gespitzten Ohren zu Beauty hinüber und rührte sich nicht. Ihre moordunklen Augen blitzten vergnügt. Im Schritt ging sie ruhig und entspannt und im Trab mit weit ausgreifenden Schritten. Ich rannte keuchend neben ihr her und versuchte verzweifelt, mitzukommen und sie nicht zu behindern. Meine Lungen begannen zu stechen, und ich war froh, als wir die Trabstrecke hinter uns gebracht hatten.

»Gut, Sie können gehen, aber warten Sie draußen!« sagte einer der Richter zu mir. Stolz führte ich Colleen wieder hinaus.

Die dritte Stute war nicht schlecht. Sie stand auf vier geraden, stämmigen Beinen, hatte einen straffen Rücken und die für viele Connemaraponys typische Spaltkruppe. Aber es fehlte ihr der Adel und das Feuer der spanischen Vorfahren, und das war für mich ein entscheidender Fehler. Nachdem die Richter mit ihr fertig waren, wurden die Nummern dreiundachtzig und vierundachtzig wieder in den Ring gerufen. Zuerst gingen sie in der Reihenfolge, in der sie gerichtet worden waren. Dann wurde die fremde Stute einen Platz nach vorne gezogen. Sie lief in der Mitte und Colleen und ich machten den Schluß.

Und so blieb es dann auch.

Beauty bekam den 1a- und Siegerpreis, die zweite Stute den 1b-Preis und Colleen einen zweiten.

»Aber, aber«, sagte einer der Richter später kopfschüttelnd zu mir. »Das hätten Sie sich ersparen können, uns so eine Stute vorzustellen.« Und ich tröstete mich mit dem Gedanken, daß der Richter nur ein Fell über einem Gerüst aus Knochen und Muskeln beurteilt. Die »inneren« Werte erkennt er nicht, und die sind schließlich mindestens so wichtig.

Jedenfalls für mich.

Am Nachmittag fand dann noch ein kleines Turnier statt. Kinder zeigten mit Welshponys, wie hoch sie springen können. New Forester wurden Dressur geritten, und Shetlandponys zogen Sulkys und Kutschen.

Auf einmal wirbelte der Wind den Sand hoch, und erste Tropfen platschten auf die Zuschauer. Wir hatten uns gerade Eis gekauft.

»Schnell ins Zelt!« rief ein Mann. Wir flüchteten mit unseren Eistüten in das Stallzelt, und während der Regen sintflutartig auf die Plane trommelte, während Blitz und Donner pausenlos aufeinanderfolgten, hockten wir auf den herumliegenden Strohballen und feierten. Die einen den Sieg, die anderen den Nicht-Sieg.

Den Pferden war es sowieso egal.

Hauptsache, sie hatten genügend zu fressen und zu saufen.

Im 17. Kapitel bekommt Colleen ihr zweites Fohlen.

Ich hatte Angst vor der Geburt von Colleens zweitem Fohlen. Wespe hatte ihre Fohlen immer allein auf die Welt gebracht. Ein paar Stunden vorher hatten an ihren Zitzen Harztropfen gehangen, und am nächsten Morgen sprang das Fohlen im Stall herum. So einfach war das gewesen. Aber der Tod von Colleens erstem Fohlen war immer noch ein böser Alptraum, und deshalb war ich dankbar, als sich Peter, einer meiner Freunde, anbot, mit mir Wache zu halten.

Dieses Mal zeigte Colleen deutlich, daß die Geburt bevorstand. Wir kochten uns einen großen Topf Tee und machten es uns im Arbeitszimmer bequem, wo uns das kleine Fenster über dem Stehpult einen guten Überblick über den Stall ermöglichte.

Es dauerte und dauerte. Die Stute stand ruhig in ihrer Box und knabberte Heu. Gegen Mitternacht beschlossen wir, uns mit dem Wachen abzuwechseln. Peter wollte anfangen. Ich legte mich hin. Kaum eine halbe Stunde später weckte er mich.

Es war soweit.

Colleen lag auf der Seite. Immer wieder preßten Wehen den mächtigen Leib zusammen. Sie ächzte. Das Fohlen wollte hinaus.

Ich wusch mir die Hände und kontrollierte, ob alles in Ordnung war. Ich hatte schon öfter dabeigestanden, wenn ein Tierarzt gebärende Stuten untersuchte, und kannte die Zeichnungen aus Fachbüchern, in denen deutlich dargestellt ist, wie ein Fohlen während der Geburt liegen muß.

»Ist alles in Ordnung?« fragte Peter.

Es war nicht alles in Ordnung. Eigentlich sollten zuerst zwei weiche, kleine Vorderhufe erscheinen, später dann die Nase. Ich spürte nur ein Vorderbein. Das andere war zurückgeschlagen.

Während ich den Tierarzt verständigte, versuchte Peter, das Fohlen gegen die Wehen zurückzuschieben. Wenn die Geburt zu weit fortgeschritten wäre, würde auch ein Tierarzt nicht mehr viel ausrichten können. Dann war die Wahrscheinlichkeit, daß es stecken blieb und erstickte, sehr groß.

Der Tierarzt kam schnell, aber mir erschien es wie eine Ewigkeit. Er zog das zurückgeschlagene Vorderbein nach vorne, und zwei Minuten später hatte Colleen ein dunkles Hengstfohlen geboren. Eine Brille grauer Haare um seine Augen kündigte an, daß es ein Schimmel werden würde, gerade so wie sie selbst und wie »Hadif«, der Vater.

Colleen biß ihm behutsam das weiche, überständige Horn von den Hufen und ermunterte es aufzustehen. Eine halbe Stunde später schwankte es auf wackligen Beinen im Stroh und suchte nach dem Euter.

Während es seine kleine Zunge herausstreckte und saugte, suchte es unter dem Hals der Mutter herum, dann zwischen ihren Vorderbeinen.

»Es ist ein bißchen blöd«, sagte Peter spitz. »Sollen wir ihm die richtige Stelle zeigen?«

Wir schoben es nach hinten, aber das Fohlen verstand nicht, daß wir ihm helfen wollten.

»Lassen wir es in Ruhe«, entschied ich schließlich. »Es braucht Zeit.« In dieser Nacht ließen wir im Stall Licht brennen.

Am nächsten Morgen trank das Fohlen.

Gleich am ersten Tag ließ ich es für kurze Zeit auf die Wiese vor dem Haus. Unbeholfen stakste es hinter seiner Mutter her, versuchte ein paar Trabschritte und stolperte über seine eigenen Beine.

Zunehmend lernte es, gewann Sicherheit und machte erste, wichtige Erfahrungen. Daß eine Zaunstange ein harter Gegenstand ist, zum Beispiel, daß ein Grashalm in der Nase kitzelt und man dann niesen muß, und daß es besser ist, einem Hund aus dem Weg zu gehen, als ihn anzuschnuppern, weil er nämlich sonst seine Zähne zeigt und knurrt.

Am zweiten Tag begann es zu galoppieren, rannte quieksend in immer größer werdenden Kreisen um die Mutter herum, die sich anfänglich sehr darüber aufregte. Doch bald ertrug sie seine Eskapaden mit großer Gelassenheit.

Das Gras stand jung und saftig auf der Wiese, und sie brauchte es, um es in Milch zu verwandeln, ohne die das Fohlen nicht wachsen und gedeihen konnte.

Es kostete mich viel Zeit, am Zaun zu stehen und den Pferden zuzuschauen, wie sie tief in gelben Löwenzahnblü-

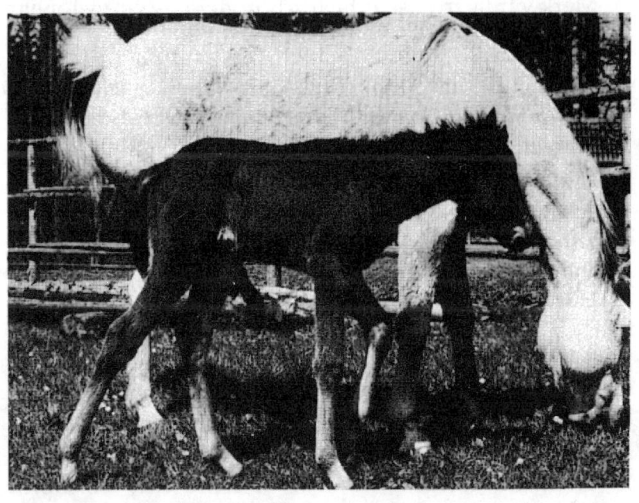

ten wateten, wie Beauty immer wieder versuchte, Colleen das Fohlen zu stehlen, was diese ärgerlich werden ließ, während der kleine Hengst zwischen beiden hin und her lief und sie neckte.

Es war die große Zeit für Bachstelzen. Bachstelzen lieben Pferde mindestens so sehr wie viele Menschen, aber aus anderen Gründen. Sie brauchen nämlich bloß um sie herumzulaufen und den Schnabel aufzusperren, und schon fliegt ihnen eine fette Bremse hinein. Ein so reich gedeckter Tisch ist günstig für die Aufzucht von Jungen, und deshalb wimmelt es auf vielen Pferdeweiden von Bachstelzen. Natürlich lieben sie auch den Weiher, aber Pferdebremsen gehen ihnen über alles. Sie brüten überall, unter dem Dachfirst, zu Füßen der kleinen Muttergottes im Giebel, in den Blumenkästen und über den Stalltüren. Wenn die Kleinen schlüpfen, dann kreischt und piepst es überall, so daß ich oft versucht bin, ganz laut »Ruhe!« zu brüllen, was ihnen aber sicher nichts ausmacht. Und weil ich das weiß, lasse ich es gleich.

Merkwürdigerweise erhielt ich in dieser Zeit viel mehr Besuch als sonst.

»Wir wollten mal wieder nachsehen, wie's Dir geht«, sagten die Leute scheinheilig, nur um gleich am Zaun stehen zu bleiben und mit Ausrufen wie: »Gott, wie niedlich!« oder: »Ist es nicht süß!«, das Fohlen zu bewundern.

Am neunten Tag brachte ich Colleen mit dem Fohlen wieder zum Hengst. Es war ein Connemaraponyhengst, der frisch aus Irland importiert worden war und gerade erst ein paar Tage bei seinem Besitzer stand.

Es war ein hübsches, graues Pferd, mit einem Gesicht, wild wie ein irischer Rebell, und einer Mähne, der man den Seewind noch ansah.

In den letzten Jahren waren viele Connemaraponys nach Deutschland gebracht worden. Es hatte sich allmählich herumgesprochen, daß Ponys dieser Größe bequem von Erwachsenen geritten werden können. Drei Tage, nachdem ich Colleen zum Hengst gebracht hatte, rief mich der Besitzer an.

»Frau Heuck«, sagte er. Seine Stimme klang gequält. »Ihre Stute ist gedeckt, aber leider habe ich eine schlechte Nachricht für Sie.«

Du liebe Zeit, dachte ich erschrocken. Dem Fohlen ist was passiert. Aber es hatte einen anderen Grund.

»Der Hengst ist erkrankt. Er muß sich auf dem Transport angesteckt haben.«

»Und was sagt der Tierarzt dazu?« fragte ich.

»Er hält es für eine Infektion.«

»Druse?«

»Vielleicht. Vielleicht auch etwas anderes. Es wäre mir recht, wenn Sie Ihre Stute baldmöglichst holten.«

Und wie schnell ich sie holte. Leider war es zu spät. Colleen und das Fohlen hatten sich schon angesteckt.

Jedem Erfinder von Pferdegeschichten, der seinen Helden mehr als einmal schwer krank werden läßt, wird sicher Einfallslosigkeit vorgeworfen. Aber die Wirklichkeit sieht eben anders aus. Colleen war öfter als einmal schwer krank, doch fast immer wurden diese Krankheiten von außen an sie herangetragen. Der ersten Huflederhautentzündung folgten weitere nach, weil der Huf empfindlicher geworden war. Fast immer waren sie Folgen von verlorenen Eisen. Durch zwei Lungenentzündungen infolge des Klimawechsels von Irland nach Deutschland und zwei Infektionen durch Ansteckung entwickelte sie eine Heuallergie. Das bedeutete, daß sie je nach der Qualität des Heus im Januar zu husten begann und bis Mai oder Juni, solange ich Heu füttern mußte, hustete. Danach war alles in Ordnung.

Dieses Mal war es keine Druse, aber die Pferde bekamen hohes Fieber, Husten und Nasenausfluß. Besonders schlecht war das Fohlen dran. Es nahm ab und schlich traurig auf der Weide herum. Seine Augen wurden trübe, und es ließ den Kopf hängen. Wieder kam der Tierarzt alle paar Tage und gab den Pferden Spritzen. Wieder rannte ich als erstes jeden Morgen mit dem Fieberthermometer in den Stall und maß Fieber. Aber es dauerte beinahe sechs Wochen, bevor sie die Krankheit überwunden hatten, und das Fohlen brauchte noch einmal sechs Wochen, bis es wieder so aussah wie ein gesundes, vierteljähriges Saugfohlen. An Reiten war nicht zu denken in dieser Zeit.

Manchmal fragte ich mich, warum in aller Welt ich mir das antue. Ich könnte doch so schön in der Sonne liegen und faulenzen, abends ausgehen, wann ich wollte und wäre auch sonst ungebunden, wenn ich keine Pferde besäße. Hätte ich aber Lust zu reiten, dann wäre es doch viel einfacher, sich eine Abonnementkarte zu kaufen und in eine Reitschule zu gehen.

Warum, um Gottes willen, halte ich mir Pferde hinter dem Haus?

Doch ich fand bis heute keine Antwort darauf.

Das 18. Kapitel beginnt mit dem Bericht über eine neuartige Zäumung und endet traurig.

An meinem Geburtstag überreichte mir meine Freundin Claudia ein merkwürdig geformtes, mit zerknittertem Packpapier und viel Liebe eingewickeltes Päckchen.

»Was ist denn das?« fragte ich neugierig.

Sie lächelte geheimnisvoll.

Es war eine Hackamore.

Was eine Hackamore ist, lernte ich auch erst zu diesem Zeitpunkt kennen. Es ist eine aus Amerika kommende neuartige Pferdezäumung, bei der das Mundstück durch einen Wulst über der Nase ersetzt wird.

Die meisten Pferde reagieren sehr sensibel auf den Druck, und das ist vor allem gut bei denen, die stumpf im Maul geworden sind oder sich gern auf den Zügel legen.

Später lernte ich noch, daß es viele verschiedene Formen von Hackamores gibt: Kalifornische, die Bosal heißen, und bei der anstelle des Zügels ein Strick aus Roßhaar verwendet wird, dann die Unterart »Vosal«, die mit einem lederbezogenen kurzen Eisenbügel über der Nase auskommt, die aus Rohleder kunstvoll geflochtene peruanische Hackamore und andere mehr.

Claudias Geschenk war eine mechanische Hackamore. Der Druck auf die Nase wurde über zwei Hebel gesteuert, und weil der Übersetzungsmechanismus ihn vervielfältigte, durfte man nur mit durchhängendem Zügel und höchstens gelegentlichem Anzupfen reiten.

Bis dahin wurde Colleen immer noch mit der Gummitrense geritten, und jedesmal wenn man sie ihr anzog, zeigte sie deutlich, daß sie das Mundstück haßte. Wenn sie hätte reden können, hätte sie sicher laut geschimpft.

Doch mir war die Hackamore unheimlich, und deshalb ließ ich Claudia ihr Geschenk zuerst einmal selbst ausprobieren.

Sie ging die Sache forsch an.

»Komm, Colleen«, sagte sie und streifte ihr behutsam das Kopfstück über die Ohren. »Das haben wir gleich.«

Colleen war sich da nicht so sicher. Sie verdrehte die Augen und schielte auf den Wulst über ihrer Nase. Und als Claudia die Kinnkette zu fest anzog, klappte sie empört mit der Unterlippe. Doch dann, nachdem sie aufgefordert wurde zu gehen, ohne daß sie das Trensengewicht auf ihrer Zunge spürte, durchschaute sie das Spiel und machte sofort mit. Sie reagierte auf hauchfeines Zupfen. Zupfte Claudia zu heftig, zeigte sie durch Kopfschlagen ihren Unwillen darüber.

In Zukunft war das sowohl für die Reiter als auch für die Spaziergänger, die uns auf unseren Ausflügen begegneten, ein weiterer Schock. Ina und ich hatten uns längst abgewöhnt, Reithosen und hohe Stiefel zu tragen. Wir bevorzugten bequeme Jeans über Westernstiefeln, und jetzt kam Colleen auch noch ohne Gebiß daher, was damals völlig ungewöhnlich war.

»Schau mal die . . .!« riefen die Leute sich zu und zeigten auf uns. Was sie weiter sagten, konnte ich dann meistens nicht mehr hören. Da waren wir schon vorbei.

Oft ritt ich auch mit Peter, dem südlichen Nachbarn, aus. Sein Haus stand nicht ganz einen Kilometer südlich von meinem am Waldrand, auf der anderen Seite der Straße. Er hielt sich zwei Traber und ritt so, wie sich jeder normale Mensch einen Reiter vorstellt, immer korrekt in Reithose und Stiefeln. Und wenn wir uns unterhielten, dann sah ich immer von tief unten zu ihm hinauf und er von weit oben auf mich hinunter. Und dann mußte ich oft erstaunt feststellen, daß wir auf viele Menschen erheiternd wirkten.

Claudia war nicht die einzige, die mir ab und zu half, wenn ich etwas nicht allein fertigbrachte.

Es gibt sicher viele Menschen, die in der Lage sind, alles selber zu machen, Wasserhähne und Lichtleitungen zu reparieren, die Hauswände zu weißeln, Brennholz zu sägen und vieles mehr. Ich gehöre nicht zu ihnen.

In dieser Beziehung war mir Ina weit überlegen.

»Das ist doch ganz einfach«, erklärte sie mir, als der Wasserhahn in Sadis Stall nicht aufhören wollte zu tropfen. »Das mach' ich selber.«

Und dann kaufte sie eine neue Dichtung, besorgte sich die passende Zange und probierte so lange an dem Hahn herum, bis es wieder in Ordnung war. Und wenn zwischendurch einmal alles zusammenbrach, zum Beispiel das Wasser unhaltbar aus der Leitung schoß, weil sie vergessen hatte, den Haupthahn abzudrehen, brachte sie das nicht aus der Ruhe. »Das kriegen wir schon hin«, sagte sie dann und reparierte mit großer Gelassenheit weiter.

In solchen Fällen bekomme ich einen Zornanfall, und deshalb ist es besser, ich rufe gleich einen Installateur.

Im übrigen tröstete ich mich damit, daß es wahrscheinlich günstiger für mich ist, einen Fachmann zu holen und in der Zeit, die ich selbst für eine Reparatur bräuchte, meinem Beruf nachzugehen, als alles allein zu bewältigen. Nur die abgefressenen Wiesen mähe ich selbst nach. Dazu benütze ich einen Kleintraktor. Es macht großen Spaß, mit ihm über die Wiese zu sausen, und wenn ein Bauer mit seinem großen Traktor am Zaun entlangfährt und auf mich herabgrinst, dann komme ich mir beinahe so vor wie damals, als ich mit Colleen ausritt und der südliche Nachbar mich auf einem seiner Traber begleitete.

Einige Arbeiten ums Haus herum oder im Stall werden von den Tieren bestimmt, die dort leben. So kann man die Wintermatratze erst aus dem Stall holen, wenn die Schwalbenbrut ausgeflogen ist, und die Spinnenweben hinter den Fensterläden kehre ich, wenn überhaupt, erst im Spätherbst weg, weil sich sonst die kleinen Fledermäuse, die während der heißen Sommertage dahinter schlafen, gestört fühlen könnten.

Im Herbst verkaufte ich Colleens Fohlen. Es gab einen traurigen Abschied von seiner Mutter und von Beauty. Obwohl ich wußte, daß es in gute Hände kam, fiel es auch mir sehr schwer. Vielleicht beschloß ich damals schon, mit dem Züchten aufzuhören, sobald ich das Geld, das ein Fohlen brachte, nicht mehr brauchen würde. Nur eines wünschte ich mir: und das war ein Stutfohlen von Colleen. Irgendwann würde sie eines bringen, und das wollte ich behalten und aufziehen.

Sie war wieder trächtig, das konnte man sehen. Ich ritt sie vorsichtiger, nicht mehr so weit, nicht mehr so schnell. Wespe hatte ich bis zwei Monate vor dem Abfohltermin geritten. Es gibt Züchter, die ihre Pferde bis zum letzten Tag reiten und die es wichtig finden, wenn sich die Stuten bewegen.

Wieder einmal, wie so oft, war bei Colleen alles anders. Das Fohlen sollte Ende Mai kommen. Es gab nicht viel Schnee in diesem Jahr. Kaum eine Handspanne hoch lag er auf den Wiesen. Der Februar war sonnig und kalt. Die Pferde freuten sich über das frostige Wetter. Es prickelte in den Nasen und lud zum Laufen ein. Als sie es anbot, erlaubte ich Colleen einen Galopp über ein weites Schneefeld. Sie streckte sich, sauste mit lockeren Zügeln dahin und wurde erst langsamer, als ihr die Luft ausging. Drei Tage später hörte ich sie dunkel und zärtlich wiehern, so, als riefe sie ein Fohlen.

Bevor ich sie sah, wußte ich, was passiert war: Der Galopp war zuviel für sie gewesen. Sie hatte verfohlt. Das Fohlen war drei Monate zu früh gekommen. Es war nicht lebensfähig. Colleen hatte es gerufen, aber es hatte die Mutter nicht mehr hören können.

Es war schon tot, als es auf die Welt kam.

Das **19.** Kapitel handelt von einem lustigen Ritt.

Eines Tages kam mit der Post eine Einladung.

»Schatzjagd« stand auf einer Karte, und darunter hatte jemand einen Reiter gezeichnet. Sein Pferd hatte ziemlich krumme Beine, und er selbst sah so aus, als habe ihn jemand durch eine Haferquetsche getrieben.

»Wir laden Sie und Ihre Freunde zu einem vergnüglichen Ritt ein«, las ich. »Der Schatz besteht aus Punkten, die Sie gewinnen können, wenn Sie unterwegs bestimmte Fragen beantworten, Rätsel lösen und Aufgaben erfüllen. Bei einem Jagdgericht am Abend wird das Ergebnis gefeiert.«

Da ich zwei Pferde hatte, die mitgehen konnten, hängte ich mich ans Telefon, um jemand zu finden, der Spaß an so etwas haben würde.

»Ina!«

»Ja.«

»Hast du Lust, bei einer Schatzjagd mitzureiten?« Ich erklärte ihr die Regeln.

Aber Ina hatte keine Zeit. Sie hatte sich inzwischen verheiratet und war mit Mann und Pferd weggezogen. Den Platz in Sadis Stall hatte Kim eingenommen, Claudias junger Connemarahengst.

»Claudia?«

Doch Claudia hatte selbst eine Einladung bekommen. Sie wollte den Haflinger einer Freundin reiten.

»Ingrid?«

Ingrid sagte sofort »Ja«, und weil sie viel kleiner und leichter als ich ist, gab ich ihr Colleen und ritt selbst Beauty.

Es war an einem schönen Sonntag im Spätherbst. Immer noch hingen braunrote und gelborangene Blätter an den Bäumen, aber sie waren schon ziemlich dürr. Der nächste

Windstoß würde sie abreißen und, nach einem wirbelnden Tanz, auf den Boden fallen lassen.

Längst hatten Schwalben, Bachstelzen, Rotschwänzchen und Trauerschnäpper ihre Winterquartiere bezogen. Heu, Stroh und Brennholz waren unter Dach, und den Pferden wuchs das Winterfell. In den Nächten gab es Frost, aber unter Mittag wurde es oft noch ziemlich warm.

Wir starteten paarweise. Claudia ritt mit Peter, dem südlichen Nachbarn, Ingrid und Colleen begleiteten mich und Beauty.

Insgesamt waren es zwölf Paare: Alte und junge Pferde, große und kleine. Alte und junge Reiter, dicke und dünne.

Wir ritten im Schritt los. Zeit spielt keine Rolle bei einer Schatzjagd. Wichtiger ist Glück. Wir ritten allein. Das Paar vor uns war fünf Minuten früher gestartet, das Paar nach uns würde den Ritt fünf Minuten später beginnen.

Die Luft war so glasklar, wie sie nur im Herbst sein kann. Die Berge lagen zum Greifen nah. Messerscharf waren Zacken und Risse der Felsen zu erkennen.

Über uns kreisten zwei Bussarde.

Die Pferde gingen aufmerksam, mit gespitzten Ohren. Die anfänglich steifen Muskeln lockerten sich allmählich. Ihr Trab wurde weich und geschmeidig.

Irgend jemand hatte mir einen Zettel in die Hand gedrückt; Fragen standen darauf, manchmal auch nur eine Nummer oder ein Kennwort. Auf der rechten Seite war eine Spalte, in welche die Punkte eingetragen werden sollten. Strohschnüre markierten die Strecke. Sie hingen an tiefhängenden Ästen und in Büschen. Sie zeigten uns, welchen Weg wir einschlagen sollten.

Immer wenn es möglich war, ritten wir nebeneinander, nur wenn der Weg zu schmal wurde, hintereinander.

Aufgabe Nummer eins begann an einer alten Scheune. Eine Wasserkanne stand da, und daneben lag ein Stoß

Pappbecher. Jeder Reiter sollte einen gefüllten Becher zum nächsten Streckenposten mitnehmen. Je nach der Wassermenge, die dann noch im Becher war, wurden Punkte vergeben.

»Huch!« seufzte Ingrid. »Einer von uns muß absteigen.«
Die Kanne stand am Boden.

Ich stieg ab, füllte einen Becher randvoll und reichte ihn ihr. Dann versuchte ich, mit einem zweiten gefüllten Becher aufzusteigen. Das wäre nicht weiter schlimm gewesen, wenn nicht im selben Augenblick ein Bauer mit seinem Jauchewagen vorbeigefahren wäre. Gerade als ich einen Fuß im Bügel hatte, warf Beauty den Kopf hoch und sprang zur Seite. Das Wasser schwappte mir ins Gesicht. Der Bauer grinste schadenfroh. Er mußte uns für leicht verrückt halten.

Abermals füllte ich den Becher und quälte mich mit ihm in den Sattel.

»Prima«, sagte Ingrid anerkennend. Sie hatte gut reden. Ihr Becher war immer noch randvoll. Colleen stand wie ein Denkmal im Park. Wir ritten los, einen Wiesenweg entlang, einen kleinen Hang hoch, dann einen schmalen Pfad durch ein paar Büsche. An der nächsten Wegkreuzung nahm uns ein Mädchen die Becher ab, maß die übriggebliebene Wassermenge in einem Litermaß und trug die ersten Punkte ein.

Von einem Hügel aus entdeckten wir das vor uns gestartete Paar. Es stand vor einer kleinen Bauernkapelle und beratschlagte.

Während wir hinunterritten, saßen sie wieder auf und verschwanden gleich darauf im Wald.

Die Kapelle war weiß gekalkt. Eine Linde beschützte ihr Schindeldach, das von einem winzigen Glockenturm gekrönt war.

»Nenne den Namen des Heiligen, dem diese Kapelle geweiht wurde«, stand auf unserem Zettel.

Wir stiegen beide ab und betraten nacheinander den

kleinen Innenraum, in dem außer einem bescheidenen Altar nur noch zwei Betstühle standen. Der Heilige in der Altarnische trug Bischofsstab und Mütze. Er hatte rosa angemalte Bäckchen und lächelte holdselig. In einer Hand hielt er drei goldene Kugeln.

»Der heilige Georg ist es nicht. Den kenne ich nämlich«, sagte Ingrid. »Er hat fast immer einen Drachen bei sich.«

»Der heilige Martin ist es auch nicht«, überlegte ich laut. »Er teilt seinen Mantel mit einem Bettler.«

»Und der heilige Florian noch viel weniger. Er löscht ein brennendes Haus.«

Und damit waren wir mit unserer Weisheit am Ende.

»Reiten wir weiter!« schlug ich vor. »Vielleicht fällt es uns später noch ein.«

Doch diese Hoffnung erfüllte sich leider nicht. Die Zeile auf unserem Fragebogen blieb leer.

Es war Mittag. Die Sonne stand hoch. Ihre Strahlen warfen hin und her tanzende Flecken auf den Waldboden. Die Pferde schlurften durch raschelndes Laub.

Irgendwo an einer Wegkreuzung wurde Rast gemacht. Es gab etwas zum Essen. Dann ging es weiter.

Die Strecke führte durch eine Kiesgrube. Zuerst ging es einen Steilhang hinunter. Unten stand eine Vogelscheuche. Sie hatte einen ehemals hochmodischen Hut auf. Das Gesicht bestand aus einer grausigen Hexenmaske, und die Kleider sahen so aus, als stammten sie aus Omas Mottenkiste. Kleine Glöckchen und silbrige Bänder bewegten sich leise im Wind. Zu ihren Füßen plärrte ein Kofferradio.

»Sie hörten gerade die Rolling Stones«, sagte der Sprecher. »Ihnen folgen die Beatles mit ihrem neuesten Hit.«

Offensichtlich mochte Colleen die Beatles. Zuerst rollte sie die Augen, bis das Weiße hervorsah, dann schnaubte sie laut, und schließlich gab sie dem Radio einen Stubs, daß es umfiel. Daraufhin gaben die Beatles ihren Geist auf. Und weil die Aufgabe darin bestand, so nahe an die Vogelscheuche heranzureiten, bis die Pferde sie mit der Nase berührten, erhielt Colleen die Höchstpunktzahl. Beauty hielt eine gewisse Distanz ein. Sie ging leer aus.

Am Ausgang der Kiesgrube mußte mit einer Armbrust auf eine Scheibe geschossen werden.

Wir schossen daneben.

An der nächsten Biegung hing ein Anbindestrick an einem Baum. Ein Sicherheitsknoten wurde verlangt. Ein Sicherheitsknoten muß sich mit einem Zug öffnen lassen, wenn ein Pferd in Panik gerät. Es war eine leichte Aufgabe. Das konnten wir beide. Ein paar hundert Meter weiter führte der Weg über eine Brücke. Berechne die Geschwindigkeit des Wassers! Wieviel Meter legt es in fünf Minuten zurück? lautete die Frage.

»Das machst du«, sagte Ingrid, ohne auch nur ein bißchen darüber nachzudenken, wie man das anfangen könnte.

»Du liebe Zeit! Was denen auch immer so eingefallen ist!«

Ich überlegte. Die Brücke war vier Meter breit. Dann warf ich ein Hölzchen auf der bachaufwärts gelegenen Seite ins Wasser und beobachtete den Sekundenzeiger meiner Uhr.

»Da ist es!« schrie Ingrid.

Das Hölzchen hatte fünf Sekunden gebraucht, um unter der Brücke durchzuschwimmen. Fünf Sekunden gehen in sechzig zwölfmal. Zwölfmal vier Meter ergaben achtundvierzig Meter in der Minute, und das mal fünf waren zweihundertvierzig.

Colleen und Beauty, denen Brücken immer schon unheimlich waren, und die wir dauernd am Zügel von einer Seite zur anderen hinter uns hergezogen hatten, scharrten ungeduldig.

Doch wir waren glücklich, ausgerechnet zu haben, daß

das Bachwasser in fünf Minuten zweihundertvierzig Meter zurücklegte. Dann kam die schwierigste Aufgabe: Auf einem Hochsitz war ein Kompaß angebracht. Daneben lagen Kopien einer genauen Karte der Gegend. Jedes Paar sollte den Standpunkt des Hochsitzes bestimmen und auf der Karte eintragen.

»Der Zeiger zeigt immer nach Norden«, sagte ich.

»Aber wieso denn, wenn man den Kompaß dreht, dann zeigt er auch nach Süden, Osten oder Westen«, gab mir Ingrid zu bedenken.

»Ach, laß mich in Ruhe!« Ich werde immer ärgerlich, wenn ich mich in die Enge getrieben fühle.

Wir versuchten, uns an der Form des Waldgebietes und der Lage der umgebenden Ortschaften zu orientieren.

»Hier ist es«, sagte ich.

»Nein, hier«, widersprach Ingrid.

Wir einigten uns auf die Mitte zwischen beiden Punkten.

Ich kann jetzt schon sagen, daß sich der wirkliche Standplatz des Hochsitzes dreihundert Meter weiter in südöstlicher Richtung befand. Aber was sind schon dreihundert Meter? Schließlich mißt die Erde an ihrer dicksten Stelle vierzig Millionen sechsundsiebzigtausend und sechshundert Meter. Dreihundert Meter mehr oder weniger machen da auch nichts aus.

Glücklich und ein bißchen müde trafen wir wieder am Ziel ein. Am Abend stellte sich dann zu unserem größten Erstaunen heraus, daß wir den dritten Preis gewonnen hatten.

Und außerdem erfuhren wir, daß die Kapelle dem Heiligen Nikolaus geweiht war.

Im 20. Kapitel kommen zwei Fohlen auf die Welt, und außerdem werden noch einige kleine Ereignisse erzählt.

Im Frühling fohlten Colleen und Beauty kurz hintereinander. Es waren beides Stutfohlen, und sie erblickten ganz ohne Komplikationen das Licht der Welt, was ich nach meinen früheren Erfahrungen als großen Glücksfall betrachtete.

Es war ein schöner Frühling. Der Löwenzahn breitete wieder einmal seinen gelben Blütenteppich über den Wiesen aus. Die Schwalben kehrten ziemlich früh aus dem Süden zurück, und über dem Weiher jagten blauschillernde Eisvögel. Sie rüttelten, stießen ins Wasser hinunter und tauchten sekundenschnell wieder auf. Fast immer trugen sie einen Fisch im Schnabel, der dann auf einem nahegelegenen Ast verzehrt wurde.

Zu meinem größten Ärger gediehen auch Ampfer und Hahnenfuß prächtig. Diese beiden Pflanzen sind jedem Pferdehalter ein Dorn im Auge, weil sie sich rasend schnell ausbreiten und dabei das gute Gras verdrängen. Pferde lassen sie einfach stehen. Sie schmecken ihnen nicht. Aus diesem Grund bitte ich immer alle Besucher, die unbedingt einen Wiesenblumenstrauß pflücken wollen, sich auf den hübschen, gelb blühenden Hahnenfuß zu beschränken.

»Er paßt doch wunderbar in jede Wohnung«, preise ich ihn an, und meistens erfüllen sie mir meinen Wunsch.

Zwei Stuten mit ihren Fohlen, das war schon eine kleine Herde. Wieder einmal stand ich viel zu oft und viel zu lange am Zaun und beobachtete sie, wie sie um die Wette galoppierten oder sich gegenseitig das Fell kraulten. Unverhofft fiel ihnen ein, daß sie Durst hatten. Dann eilten sie schnell zu ihren Müttern, weil sie wußten, daß dort ein pralles

Euter auf sie wartete. Während der heißen Zeit, in der die Pferde nachts auf der Weide blieben, hörte ich ihr Schnauben und das helle, suchende Rufen der Kleinen unter meinem Fenster.

Endlich hatte Colleen das langersehnte Stutfohlen geboren. Ich gab ihm den Namen »Cashel«, nach der berühmten Klosterruine im Süden Irlands und hoffte, daß sie den Charakter und die Persönlichkeit ihrer Mutter und die Größe ihres arabischen Vaters geerbt hätte. Das letztere erfüllte sich, das erstere nur zum Teil.

Beautys Fohlen erhielt keinen Namen. Es hieß ganz einfach »Fohlen« oder, wenn man es von Cashel unterscheiden wollte, »Beautys Fohlen«. Ich verkaufte es, als es fünf Monate alt war. Sie wurde eine der hübschesten Ponystuten weit und breit, aber niemand verstand es, mit ihr umzugehen. Sie war ängstlich, so wie Cashel, und wie ihr Vater es auch gewesen war, und ein ängstliches Pferd erfordert große Geduld. Offensichtlich hatte die niemand, denn Beautys Tochter ging durch viele Hände. Sie wurde immer schwieriger und schließlich krank. Im Alter von zwölf Jahren mußte sie getötet werden.

Cashel blieb da. Sie war der Liebling der alten Stuten, und das genoß sie sichtlich.

Colleen war inzwischen acht Jahre alt. Mit jedem Haarwechsel wurde sie heller, aber immer noch waren Mähne und Schweif fast schwarz. Wie eine allmählich aufgehende Saat erschienen rotbraune Punkte auf ihrem Fell, und sie erinnerte mich zunehmend an manche uralte Araberstute, die über und über gepunktet war, so wie der Sternenhimmel bei Nacht.

Ihre Schlauheit steigerte sich zu der eines Hofhundes. Kein Riegel war vor ihr sicher. Sie nahm ihn einfach zwischen die Zähne und zerrte ihn auf. Lockere Zaunstangen zogen sie magisch an. Entweder wetzte sie ihren fetten

Hintern an ihnen, bis sie herunterbrachen, oder sie tauchte mit dem Kopf unter sie und schob sie weg.

Es war schlimm, wenn die Pferde ausbrachen. Das geschah ab und zu. Sie rannten dann über die Wiesen zum Flußufer und zogen mit hoch erhobenen Köpfen weite Kreise, bis sie müde wurden und zu grasen begannen. Dann spielte Colleen mit mir ihre üblen Spiele. Sie schien hohnzulachen, wenn ich mich ihr mit einem Halfter in der Hand zu nähern versuchte und spitzte zutraulich die Ohren, während ich sie mit wütend säuselnder Stimme anlockte.

»Colleen, komm her, du Mistvieh!«

Sie ließ mich dann höchstens so nah an sich heran, bis ich sie mit den Fingerspitzen berühren konnte, manchmal hob sie auch den Kopf und beschnupperte meine Hand. Aber wenn ich versuchte, ihr das Halfter anzuziehen – ich brauchte bloß die Hand mit dem Halfter ein wenig anzuheben – dann blitzten ihre Augen frech auf, sie schlug den

Kopf zur Seite, drehte sich blitzschnell auf der Hinterhand, und ich sah nur noch wehmütig ihrer Schweifspitze nach. Beauty kam sofort, wenn ich sie rief, später auch Cashel. Colleen kam nur, wenn es ihr paßte, und es paßte ihr selten.

Ähnlich war es auch im Winter. Es macht großen Spaß, mit freilaufenden Pferden zu reiten, nur muß man eben sicher sein, daß einen die freien Pferde auch wirklich begleiten.

Colleen zu reiten und dabei Beauty und Cashel laufen zu lassen, ging immer. Beauty zu reiten und zu warten, daß Colleen mitlief, war ein Trugschluß. Ohne sich auch nur einmal umzusehen, galoppierte sie davon. Da half kein Rufen und Schreien. Eine Leitstute richtet sich eben nach niemandem. Sie gehorcht nur ihren eigenen Gesetzen.

Mit der Zeit lernte ich, daß nur der Hafereimer das Wunder fertigbrachte, Colleen dazu zu bewegen, sich wieder das Halfter anziehen zu lassen oder mir in den Stall zu folgen. Ähnlich schlau war sie beim Reiten. Je kleiner das Kind war, das man auf ihren Rücken hob, oder je ängstlicher, um so behutsamer setzte sie Schritt vor Schritt oder blieb stehen, wenn der Reiter ins Rutschen kam. Setzte sich aber ein etwas besserer Reiter in den Sattel, dann konnte er unter Umständen mit ihr sein blaues Wunder erleben.

»Hast du aber ein süßes kleines Pferd«, sagte Bärbel, die Freundin einer Freundin, zu mir. »Darf ich es einmal reiten?« Bärbel war Turnierreiterin und einiges gewöhnt.

»Natürlich, gern.«

»Am liebsten ohne Sattel«, bat Bärbel.

»Bitte, wie du willst.«

Sie ritt zum Fluß. Ich fuhr mit dem Auto auf einem Feldweg neben ihr her und beobachtete sie.

Colleen ging gut. Mit weit ausgreifenden, schwingenden Schritten trabte sie dahin. Sie spitzte die Ohren, hielt den Blick nach vorne gerichtet und blähte ihre Nüstern.

Es machte ihr Spaß. Das sah man ihr an.

Bärbel war ganz entzückt von ihr.

Doch Colleen hatte anderes mit ihr vor. Auf einmal veränderte sich ihr Gesichtsausdruck. In dem mir zugewendeten Auge erschien ein kleiner, weißer Fleck und an den Rändern der Nüstern Falten. Die Nase wurde lang und die Unterlippe kurz.

»Paß auf!« schrie ich erschrocken. »Gleich buckelt sie.«

»Ach wo«, lachte Bärbel. »Sie geht wunderbar.«

Und schon hatte Colleen den Kopf zwischen den Beinen. Ihr Rücken spannte sich wie eine Feder, und ehe Bärbel sich versah, hing sie auch schon auf dem Pferdehals und rutschte langsam, aber unaufhaltsam auf den Boden. Colleen blieb stehen und blickte mit schiefgelegtem Kopf erstaunt auf das Wesen vor ihr, so als fühlte sie sich ganz unschuldig.

Bärbel lächelte etwas verkrampft, als ich ihr wieder beim Aufsteigen half, und die Worte »süßes kleines Pferd« hörte ich nie wieder von ihr.

Eine Karriere als Turnierpferd lag Colleen fern. Sie entwickelte sich so, wie es ihr von ihren Eltern mitgegeben worden war und bei weitem nicht so, wie ich mir früher einmal mein »Traumpferd« vorgestellt hatte.

Der kleine Dressurplatz war ihr zutiefst zuwider. Alle meine Versuche, ihr die Grundbegriffe des Angaloppierens, Schenkelweichen, Rückwärtsrichten und ähnliches beizubringen, scheiterten nicht nur an meinen geringen pädagogischen Fähigkeiten, sondern auch an ihrem Unwillen. Nach spätestens drei Runden vermittelte sie dem Reiter, daß sie sich geschunden fühle und tausendmal lieber über die Wiesen zum Fluß rennen würde, um dort im Wasser zu plantschen.

Plantschen konnte sie nämlich besonders gut. Besser als alle Pferde, die ich kannte. Sie machte die Nase lang, wölbte den Hals in einem Bogen nach unten und schlug mit den

Hufen so auf die Wasseroberfläche, daß spätestens in einer Minute alle in ihrer Nähe stehenden Pferde und Reiter pudelnaß waren. Ließ man sie dies eine Weile tun, wurde sie plötzlich weich in den Beinen. Dann ging es wie in einem Fahrstuhl nach unten, und man fand sich im Wasser wieder.

Ich liebe es nicht, mit Peitsche zu reiten, aber nach einer schlechten Erfahrung ritt ich nie mehr ohne sie mit Colleen ins Wasser.

Das **21.** Kapitel behandelt kurz Überlegungen, die man beim Mistsetzen anstellt, und erzählt anschließend von einem Ausritt im Winter.

Alle paar Tage ist der Misthaufen zu setzen. Die Ecken und Ränder müssen gebaut, Unregelmäßigkeiten ausgeglichen und am Schluß festgetreten werden. Dabei ertappe ich mich oft, daß ich oben stehe, mich auf die Mistgabel stütze und nichts tue außer nachzudenken. Mit der Zeit habe ich dabei eine Art »Misthaufenphilosophie« entwickelt.

Unter anderem machte ich die Erfahrung, daß der Misthaufen zum Prüfstein für Freunde werden kann. Kommt zum Beispiel jemand, dem man eigentlich nur hübsch und gepflegt gegenübertreten möchte, überraschend auf dem Weg zum Haus daher, und man steht in Gummistiefeln da – für eine Flucht ist es bereits zu spät – dann entscheidet sich ganz schnell, ob es ein Freund ist, der einen mag, so wie man eben ist, oder nicht. Schließlich riecht man nicht gerade nach Eau de Toilette, wenn man herabsteigt. Da gab es schon einige, die die Nase rümpften und sich angewidert abwendeten, aber ich lernte im Laufe der Jahre, daß ich auf diese verzichten konnte.

Manchmal habe ich lange keine Zeit zum Reiten. Dann drängen Termine, dauernd klingelt das Telefon, und ich komme einfach nicht weg. Es ist ja nicht so, daß mir ein Diener das gesattelte und geputzte Pferd vorführt und ich nur aufzusteigen brauche. Für die Stallarbeit benötige ich mindestens eine halbe Stunde am Tag. Das Auf- und Absatteln kostet noch einmal eine halbe Stunde, wenn man die Putzerei nicht allzu gründlich betreibt. Das ist eine Stunde, und wenn ich dann eine Stunde reite, dann sind zwei Stunden vorbei.

Am schönsten ist es natürlich, ohne Zeitzwang einen ganzen Tag für einen Ritt zur Verfügung zu haben, irgendwo Mittag zu essen oder nur so zu rasten, und dann müde und zufrieden mit der Dämmerung wieder nach Hause zu kommen.

Das ging eigentlich nur sonntags.

Einmal, es war in einem besonders kalten Winter, rief Claudia mich an und schlug mir vor, am nächsten Sonntag einen gemeinsamen Tagesritt zu unternehmen, und weil ich ja zwei Pferde hätte, könnte Ingrid vielleicht noch mitreiten. Ihr Mann würde im Auto warme Decken, Halfter und etwas Hafer mitnehmen, und wir könnten uns mit ihm in einem etwa zwölf Kilometer entfernten Gasthaus treffen und gemeinsam Mittag essen. Ich sagte zu.

In den nächsten Nächten fiel das Thermometer auf unter minus zwanzig Grad. Am Tag erreichte es kaum mehr als zwölf. Als wir am Sonntagmorgen aufbrachen, waren es minus dreizehn.

An diesem Tag blieb Cashel allein zu Hause. Es war zu gefährlich, sie auf einem so weiten Weg mitlaufen zu lassen. Mehrere Straßen waren zu überqueren, und überall gab es Stacheldrahtzäune. Ich füllte die Raufe voll Heu und ließ sie wehleidig jammernd zurück.

Wir hatten uns besonders warm angezogen, lange Skiunterhosen unter den üblichen Jeans, Pelzstiefel, Daunenanoraks, wollene Kopftücher. Ingrid ritt wieder einmal Colleen, ich Beauty und Claudia zum erstenmal Kim, ihren jungen Connemarahengst. Zuerst ging es steil hinauf. Im Wald lag wenig Schnee, und unsere Spur legte das alte Laub frei. Es war mörderisch kalt. Vor den Nüstern der Pferde stand der Atemdampf in kleinen Wolken. Kaum hatten wir die Anhöhe erreicht, erfaßte uns ein frostiger Nordwind.

»So eine Schnapsidee!« murmelte Ingrid verdrossen.

Sie legte Colleen die Zügel auf den Hals und schlug die Hände gegeneinander.

Wir durchquerten ein Dorf, danach einen Wald und kamen in ein weites, hügeliges Wiesengelände. Der kaum fünfzehn Zentimeter hohe Schnee ermöglichte eine schnellere Gangart. Den Pferden machte es Spaß, in der Kälte zu laufen. Sie flitzten dahin, wären, wenn wir es ihnen erlaubt hätten, gern um die Wette gerannt und blieben erst am nächsten Waldrand von alleine stehen. Sie dampften.

Doch Ingrids Nase hatte im kalten Wind die Farbe einer blühenden Heckenrose angenommen.

»Friert jemand?« fragte sie.

Alle froren.

»Steigen wir ab«, schlug Claudia vor.

Wir führten die Pferde eine Weile. Allmählich begann das Blut in unseren Füßen wieder zu zirkulieren. Im Wald war es still. Ab und zu krachte Holz in der Kälte. Einmal schreckten Rehe hoch. Dann saßen wir wieder auf. Den Hengst juckte das Fell unter dem Sattel. Unverhofft legte er sich hin und versuchte sich zu wälzen. »He – was fällt dir ein!« Er sprang wieder hoch, buckelte kurz und schüttelte sich den Schnee aus der Mähne.

Wir ritten weiter. Auch gegen Mittag wurde es kaum wärmer. Ein blauer, wolkenloser Himmel spannte sich über die Landschaft. Die Berge lagen weit entfernt im Dunst, kaum mehr als Schattenrisse erkennbar. Über den Schnee liefen viele Spuren, schnürende Fuchspfoten und Dachsfüße, die Kinderhändchen glichen, ständig die Richtung wechselnde Hasenfährten und dazwischen unvermittelt auftauchende und wieder verschwindende Krähenfüße, manchmal auch da, wo sie aufgeflogen waren, ein Abdruck der Schwungfedern als zarte Zeichnung im Schnee.

In der etwa vorausberechneten Zeit trafen wir beim Gasthaus ein, wo Ingrids Mann schon auf uns wartete.

»Na, wie geht's?« fragte er grinsend.

Es ging. Wir deckten die Pferde ein und gaben ihnen etwas Hafer. »Kommts von weit?« fragte der Wirt, als wir die Gaststube betraten.

An den Wänden hingen Schießscheiben mit vielfach durchlöcherten, röhrenden Hirschen und grimmig aussehenden Wildschweinen. In der Ecke stand ein Schrank, angefüllt mit Silberpokalen. Wir aßen Lüngerl mit Knödel und tranken einen Glühwein nach dem anderen.

Schließlich sattelten wir ziemlich beschwingt wieder die Pferde. »Noch einen Schnaps zum Abschied.«

Der Wirt schenkte ein. Der scharfe Obstler brannte in der Kehle. Er heizte unser Inneres. Auch wenn man nicht denselben Weg benützt, spüren es die Pferde immer, wenn es heimwärts geht. Die Sonne sank schnell. Der Himmel färbte sich erst rosa, dann violett. Dunkellila ragten die kahlen Stämme der Buchen in den Abend. Vom weit entfernten Fluß stieg Nebel auf. Wir kamen an einem uns bekannten Hof vorbei. »Wollts einen Schnaps?« fragte die Bäuerin. »Einen zum Aufwärmen?«

Niemand von uns sagte nein.

Er war köstlich, biß im Hals und verursachte Schluckauf. »Danke.«

»Noch einen?« fragte die Frau.

Wir lehnten ab.

Allmählich wurde es Zeit. Im Wald war es schon ziemlich dunkel. »Wie kalt wird es sein?« fragte ich Claudia.

»Fünfzehn, vielleicht sechzehn«, antwortete sie.

Ingrid war verstummt. Sie war starr vor Kälte, und mir war, als hätte ich keine Füße mehr.

Beim Durchqueren des Dorfes trafen wir wieder einen Bekannten. »Ist euch kalt?« fragte er spitz.

»Hm!«

»Kommts rein, auf einen Schnaps!« schlug er vor.

Mit einem Blick auf die untergehende Sonne lehnten wir ab. Doch er hatte schon längst seiner Frau zugerufen, sie solle schnell die Flasche bringen. Sie wüßte schon, welche.

So kam es, daß wir zwar durchgefroren, aber ziemlich beschwipst zu Hause ankamen und kichernd die Pferde versorgten, bevor wir uns mit einer großen Kanne heißen Tees auf die Ofenbank zurückzogen.

Tage wie dieser entschädigten für manche Mühsal.

Das 22. Kapitel handelt von Cooky und von einer schweren Entscheidung.

Cashel war zwei Jahre alt, als Cooky auf die Welt kam. Im Jahr vorher hatte Beauty wieder ein wunderschönes Stutfohlen geboren. Ich hatte es im Herbst verkauft. Es wurde später eine berühmte und vielfach preisgekrönte Zuchtstute.

Cooky war eine Tochter von Colleen. Daß sie einen Namen erhielt, war nicht meine Schuld. Eines Tages kam nämlich eine Freundin damit an: »Hast Du schon einen Namen für Colleens neues Fohlen?« fragte sie mich, und als ich verneinte, schlug sie mir vor, es »Cooky« zu nennen. »Das heißt ›Küchenmädchen‹«, erklärte sie mir. Ich fand den Namen lustig, mit C fing er auch an, und so blieb es dabei.

Cooky wurde im Herbst verkauft. Zwei Jahre später kaufte ich sie zurück und gab sie Claudia, der sie heute noch gehört.

Der Sommer, in dem Colleen zwölf Jahre alt wurde, war ungewöhnlich heiß und trocken. Im Juni regnete es nur wenig, im Juli und August fast überhaupt nicht. Die Ernte verdorrte auf den Feldern, und die Heupreise stiegen ins Unermeßliche. Radio und Fernsehen verbreiteten Hiobsbotschaften über die Ausfälle in der Landwirtschaft. Überall gab es verheerende Waldbrände. Auf den Wiesen vor dem Haus erschienen gelbe Flecken. Die Trockenheit riß den Boden auf.

Ich telefonierte überall herum, wer und zu welchem Preis mir Heu verkaufen würde, aber die Auskünfte, die ich erhielt, waren ziemlich niederschmetternd. Pro Pferd und Winter brauchte ich vierzig Zentner. Für drei Pferde waren das einhundertzwanzig. In jenem Sommer stieg der Preis für einen Zentner auf das drei- bis vierfache des Vorjahrespreises. Mich plagten Alpträume.

Dann, eines Tages, wußte ich plötzlich, was ich zu tun hatte. Drei Pferde für eine Person sind eigentlich zuviel. Genügen würde eines. Aber ein einzelnes Pferd zu halten, grenzt meines Erachtens an Tierquälerei. Pferde sind Herdentiere. Allein fühlen sie sich einsam. Sie trauern, stehen herum und wiehern jedem vorbeikommenden Artgenossen wehmütig nach. Zwei Pferde müßten es sein, aber drei....

»Du mußt eines verkaufen!« befahl ich mir selbst. »Von dem Geld, das du dafür bekommst, kannst du soviel Heu kaufen, daß es über den Winter reicht, und vielleicht bleibt noch etwas übrig für einen neuen Zaun.«

Das war die Entscheidung. Nicht den Bruchteil einer Sekunde mußte ich mir überlegen, wen von den dreien ich verkaufen würde. Niemals Colleen, und auf Cashel, ihre Tochter, hatte ich lange genug gewartet. So kam nur Beauty in Frage. Sie war wieder trächtig und ein starkes, schönes Reitpony. Wenn ich ein bißchen Glück hätte, müßte ich nicht nur einen guten Platz, sondern auch einen annehmbaren Preis für sie bekommen können. Sofort gab ich in allen dafür in Frage kommenden Zeitschriften Anzeigen auf: Große, starke Connemaraponystute, Siegerstute auf einer Landesponyschau, tragend, nur in gute Hände zu verkaufen. Daraufhin klingelte das Telefon ziemlich oft bei mir. Als erster rief ein großer Züchter bei mir an, der meine Pferde gut kannte.

»Was fällt Ihnen ein!« beschimpfte er mich. »Sie geben ihre beste Stute her! Verkaufen Sie doch die kleine, alte, fette. Sie hat 'ne Menge Fehler, ist aber doch recht tauglich als Kinderpferd!«

Es dauerte eine Weile, bis mir aufging, daß er von Colleen sprach. Ich war empört.

»Die verkaufe ich nicht«, sagte ich bockig. »Die nicht.«

»Und warum nicht?«

Ja, warum eigentlich nicht? Wie kann man einem professionellen Züchter erklären, daß man das in den Augen einer Zuchtkommission schlechtere Pferd behält und das bessere hergibt. Wie kann man ihm erklären, daß einem ein Pferd so ans Herz wachsen kann wie ein Freund oder ein Familienangehöriger. Man spricht mit ihm, und auf seine Weise antwortet es auch.

Das versteht nur jemand, der in der Lage ist, so etwas nachzuvollziehen. Sonst niemand.

Ich beschloß, mich über meine Entscheidung, Beauty zu verkaufen und Colleen und Cashel zu behalten, mit niemandem mehr auf eine Diskussion einzulassen. Und wenn mich trotzdem jemand fragte, dann antwortete ich nur kurz: »Colleen hustet. Ein hustendes Pferd kann man nicht verkaufen.« Das half.

Einige Anrufer interessierten sich für den Preis.

»Wissen Sie«, sagte ein Herr aus dem rheinischen Industriegebiet zu mir, »ich suche ein Pferd für meine fünfzehnjährige Tochter. Sie ist eine gute Turnierreiterin. Ihr Welshpony ist ihr zu klein geworden, und sie braucht für zwei Jahre ein mittelgroßes Pferd für den Turniersport.«

»Und was dann?« fragte ich.

»Das werden wir dann wieder verkaufen, wenn sie auf ein großes Sportpferd umsteigt.«

Beauty sollte also ausgewechselt werden wie ein Kinderfahrrad, das man in die Ecke stellt oder weitergibt, wenn das Kind zu groß dafür geworden ist. Ich redete sie ihm aus und sagte ihm, dafür sei sie nicht geeignet. Sie war mir einfach zu schade dafür, zwei Jahre von einem ehrgeizigen Kind auf Turnieren geritten zu werden, nur um dann wieder in andere Hände überzugehen. Schließlich meldete sich ein junger Mann.

»Frau Heuck?«

»Ja.«

»Sie bieten eine starke, gerittene Connemaraponystute an?«

»Ja.«

»Ich interessiere mich für sie.«

»Zu was brauchen Sie ein Pferd?«

»Ich will sie selbst reiten.« Seine Stimme klang herzlich. Da beschrieb ich ihm den Weg, und er kam und ritt Beauty. Sie war das richtige Pferd für ihn. Sie bekam einen guten Platz, und ich kaufte Heu und ließ den Zaun richten.

Und somit war alles wieder in Ordnung.

Im **23.** Kapitel wird von Modeaufnahmen erzählt.

Irgendwer gab irgendwann einmal einer Werbeagentur meine Telefonnummer. Danach kamen ab und zu ein paar Leute, Modefotografen, Redakteure, Werbeleiter, Garderobieren und Mannequins hierher, um Modeaufnahmen zu machen.

»Tiere sind immer gefragt«, erklärten sie mir. »Tiere und alte Bauernhäuser.«

Beides finden sie bei mir.

Colleen ließ diese Invasionen mit großer Geduld über sich ergehen, da sie meistens mit viel Zucker, Äpfeln und Mohrrüben verbunden sind, und das waren lauter Dinge, die sie sehr liebte.

Weniger erfreut darüber waren die Hunde. Sie mochten keine fremden Menschen. Blitzendes Licht, Kamerastative oder Wände aus Silberpapier waren ihnen zuwider. Zu ihrem Glück bevorzugten die Werbemanager Aufnahmen mit Pferden. Pferde waren groß in Mode. Neben Pferden sahen die scheußlichen Modellkleider noch einigermaßen nett aus.

Eines Tages rief wieder einmal die Agentur an.

»Wir bräuchten zwei nicht wasserscheue Pferde!«

»Du liebe Zeit, für was denn?«

»Eine Modefirma hat Aufnahmen am Fluß bei uns bestellt, auf einer Kiesbank oder im Flachwasser.«

»Und warum gerade da?«

»Es soll für eine große, doppelseitige Anzeigenserie sein. Die Bilder müssen den Anschein erwecken, als seien sie in Irland aufgenommen worden. Wissen Sie nicht, daß man in diesem Jahr ›Irisches‹ trägt?«

Ich wußte es nicht. Aber für »Irisches« war ich immer zu

haben, und außerdem erschien mir Colleen auch besonders geeignet dafür. Wir machten also einen bestimmten Tag aus.

Am Abend erzählte ich Colleen davon, aber es schien sie nur wenig zu berühren. Viel wichtiger war ihr, ob ich in der Hosentasche einen Zucker versteckt hätte.

Später sagte ich Claudia Bescheid, denn die Modeleute hatten sich zwei Pferde eingebildet, und Cashel wäre ebensowenig wie die Hunde davon erfreut, sich fotografieren zu lassen. Eine Kamera war für sie dasselbe wie für die Kinder eine Schachtel, aus der ein kleines Teufelchen hüpft, wenn man auf einen Knopf drückt, und außerdem würde ihr niemand zusichern können, daß kein böser Wolf hinter den Wänden aus Silberpapier auf sie lauerte. Nein, Cashel war für so etwas nicht zu gebrauchen. Kim mußte her, Claudias Hengst. Er war mutig und immer zu Blödsinn aufgelegt. Das arme Fotomodell tat mir schon vorher leid. Sie war Engländerin, blond mit leicht rötlichem Stich, schlank und wunderschön anzusehen. Sie sagte nicht viel mehr als »Oh«, leicht und gedehnt, so, als hänge noch ein U daran, sehr britisch. Mit Gleichmut ließ sie alles über sich ergehen, bürstete sich die Haare, während eines der Mädchen die Pullover, die sie bei den Aufnahmen tragen sollte, aus dem Koffer holte und bügelte. Ziemlich lange brauchte sie, bis sie ihr Gesicht hergerichtet hatte, ein paar Sommersprossen mußten übertüncht, die Lippen zuerst mit einem Konturenstift, dann mit dem Pinsel gemalt und Wimpern und Augenbrauen angetuscht und nachgezogen werden. In der gleichen Zeit putzten und sattelten Claudia und ich Kim und Colleen, und das war nicht wenig Arbeit, denn beide hatten sich kurze Zeit vorher noch genüßlich im Schlamm gesuhlt. Ein anderes Mädchen half dem Modell beim Anziehen funkelnagelneuer Fischerstiefel. Sie achtete sorgfältig darauf, daß sich die Cordhose über den Stiefelrändern auch richtig bauschte, zupfte hier und zupfte da und muß wohl irgendwann mit dem Ergebnis zufrieden gewesen sein. Wann, kann ich nicht sagen, denn da waren Claudia und ich schon längst mit den Pferden zum Flußufer unterwegs. Soweit es möglich war, fuhr der Fotograf seine Begleitmannschaft in einem Campingbus nach. Wir hatten ihnen vorher den Weg genau beschrieben: Zuerst müßten sie zu Fuß den kleinen Steilhang ins Flußbett hinunter, erklärten wir ihnen. Das würde den neuen Stiefeln etwas Sandpatina geben. Dann sollten sie den Auwald durchqueren mit seinem Weidengestrüpp und dem Schilfgürtel. Das würde die Frisur des Fotomodells nicht mehr ganz so künstlich aussehen lassen. Dazwischen hatten sie ein grünmorastiges Altwasser zu durchwaten. Ein paar Algenspritzer auf der neuen, braunen Cordhose machten sich sicher gut. Und schließlich, wenn sie alle diese Hindernisse überwunden hätten, kämen sie an eine wunderbare, weiße Kiesbank, die sich nicht nur kontrastreich vom grünen Flußwasser abhob, sondern sicher auch der Vorstellung deutscher Pulloverkäuferinnen von einer irischen Landschaft entspräche.

Wenn ich heute die Augen zumache, mir mit aller Macht Irland in die Erinnerung zurückrufe, und sie schließlich nur einen ganz kleinen Spalt wieder öffne, dann ist vielleicht wirklich eine entfernte Ähnlichkeit vorhanden, aber nur eine weit entfernte. Etwas sehr Wichtiges fehlt nämlich meistens: Am Rand der Berge erscheinen nur ganz selten die wunderbaren, sich blähenden und ständig verändernden Wolken am glasklaren Himmel. In Irland jagt der Wind Türme, Schlösser und Fabelwesen vor sich her, reißt sie auseinander und knetet sie wieder zusammen. Irgendwo weit hinten am Horizont regnen sie dann in langen, grauen Streifen auf die Erde.

Nein, auch der beste Werbefachmann konnte keine irischen Wolken herzaubern. Aber wer würde schon auf so etwas achten?

»Führen Sie die Pferde ins Wasser!« bat uns der Fotograf. Wir folgten seinen Anweisungen. Das Mädchen nahm die Zügel Colleens in die eine und die von Kim in die andere Hand. Es versuchte, den Eindruck zu erwecken, als käme sie gerade mit den Pferden durch den Fluß.

Zuerst sah alles ganz hübsch aus. Sie lächelte ein bißchen ängstlich, und der Fotograf schoß einige Bilder. Doch dann wünschte er mehr Dramatik.

»Move!« rief er, was so viel bedeutete wie: »Beweg' dich ein bißchen!«

Das Fotomodell ging im flachen Wasser ein paar Schritte vorwärts, was Kim als Aufforderung ansah, mit Colleen einen kleinen Flirt zu beginnen.

»Iiiiih!« quiekste sie. Sie hatte offensichtlich ihren Spaß daran. Erschrocken ließ das Mädchen Kims Zügel fahren.

»Ho, braves Pferd! Bleib schön stehen!« rief Claudia. Aber Kim hatte gar nicht vorgehabt wegzulaufen. Wir fingen ihn wieder ein und drückten dem Mädchen abermals die Zügel in die Hand.

»Move!« rief der Fotograf, nachdem er seine Kamera eingestellt hatte.

Doch jetzt hatte Colleen etwas dagegen. Sie wölbte ihren Hals dem Wasser zu und betrachtete aufmerksam die Strömung. Allmählich wurde ihre Nase immer länger. Ich wußte, was das bedeutete.

»Move, move!« schrie der Fotograf. »Können Sie nicht etwas machen, daß Ihr Pferd den Kopf hebt und die Ohren spitzt?«

Ich hätte ihm sagen können, daß Colleen im Augenblick anderes im Sinn hatte, aber er hätte es mir sicher nicht geglaubt. So stellte ich mich vor sie hin, hob die Arme, schnalzte mit den Fingern und rief mit quäkender Stimme:

»Miau!«, in der Hoffnung, daß sie das ungewöhnlich finden würde. Aber sie tat mir nicht den Gefallen.

»Move!«

Kim folgte der Aufforderung, vorwärts zu gehen, doch Colleen blieb wie festgewurzelt stehen. Sie riß dem Mädchen beinahe die Arme aus. Ihr Lächeln gefror, und der Zügel glitt ihr aus der Hand.

»Hoho, braves Pferd.« Ich fing Colleen ein und führte sie wieder an ihren Platz. Inzwischen hatte eine der Helferinnen dem Fotomodell über die Haare gebürstet und die in die Gummistiefel gerutschten Cordhosen wieder herausgezupft.

»Move!« brüllte der Fotograf. Da war auf einmal die Sonne weg, und wir mußten warten, bis sie wieder erschien.

»Move! Move!«

Doch jetzt endlich wollte Colleen das tun, wonach ihr schon die ganze Zeit der Sinn stand. Sie hob ihr rechtes Vorderbein hoch und schlug blitzschnell, mit großer Wucht auf die Wasseroberfläche. Ein Wasserschwall ergoß sich über Kim und das Mädchen.

»Wunderbar«, stöhnte der Fotograf. »Das ist Action!« Seine Kamera klickte unentwegt.

»Move and smile!«

In den Wassertropfen brach sich das Licht. Colleen plantschte, während das Mädchen weiter zu lächeln versuchte.

Nach fünf Minuten hingen Haare, irischer Pullover und Cordhose wie nasse Fetzen an ihr herunter.

Erst als der Werbeleiter den Fotografen darauf hinwies, daß vermutlich das Bild eines Pullovers in diesem Zustand nicht sehr verkaufsfördernd sei, wurde das arme Fotomodell erlöst.

Im Gegensatz zu ihr war Colleen nur schwer zu bewegen, aus dem Wasser zu gehen. Sie sah das einfach nicht ein.

Gerade jetzt, wo ihr die Modeaufnahmen solchen Spaß machten.

Auch der Fotograf war hochzufrieden, und alle fanden, daß es sehr »irisch« ausgesehen habe.

Ob die Firma auf diese Aufnahmen hin viele Pullover verkauft hat, habe ich nie erfahren.

Im 24. Kapitel kommen zwei Hengstfohlen und ein Fuchs vor.

In dem Frühling, in dem Colleen vierzehn Jahre alt wurde, brachte sie ein kräftiges, braunes Hengstfohlen zur Welt. Der Vater war ein ebenfalls brauner, sehr großer Connemarahengst. Braun ist eine für Connemaraponys untypische Farbe. Auch Rappen und Füchse kamen früher kaum vor. Damals, als ich Colleen auf dem Markt in Clifden kaufte, gab es nur Schimmel, Falben und ab und zu einen Albino aus einer Kreuzung zwischen beiden. Die meisten von ihnen waren starkknochig. Ihre Nasenlinien waren leicht nach unten gekrümmt, wie die der spanischen Pferde, und ihre Mähnen waren immer ein wenig zerzaust. Als ich ein paar Jahre später wieder nach Clifden kam, hatten sich die Pferde verändert. Es waren ziemlich große, gepflegte Sportpferde, die dort gezeigt wurden. Sie hatten wohlfrisierte Mähnen und gerade Nasen. Sie waren elegant, paßten auf jeden Turnierplatz und in jedes Jagdfeld, aber nichts an ihnen erinnerte mehr an das karge, felsige Hügelgelände der Grafschaft Galway, an silbrig blitzende Moortümpel, Schafe, Regen und gnadenlosen Wind. Fast ein Drittel aller vorgestellten Tiere war braun oder schwarz. Die irischen Züchter hatten sich der Marktlage angepaßt, und leider ging das auf Kosten der Ursprünglichkeit ihrer Ponys.

Nie hätte ich Colleen zu einem dunklen Hengst gebracht, wenn ein gleichwertiger Schimmel oder Falbe in erreichbarer Nähe gestanden hätte. Aber das war nicht der Fall gewesen. So brachte sie ein braunes Fohlen auf die Welt, das von seiner Besitzerin später Mike getauft und Micky gerufen wurde.

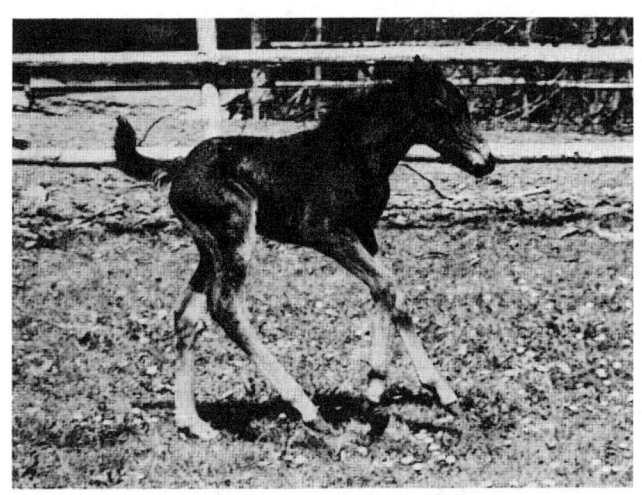

Im Jahr darauf war es wieder ein Hengstfohlen. Obwohl sein Vater dieses Mal ein Rappe gewesen war, sah man gleich, daß es später einmal weiß werden würde.

Im gleichen Jahr passierte die Sache mit dem Fuchs.

Alles fing damit an, daß Peter, der südliche Nachbar, mich spät am Abend anrief.

»Hallo«, sagte er. »Wie geht's? Haben Sie Ihre Pferde draußen?«

»Warum fragen Sie?« Natürlich waren sie auf der Weide. Schließlich hatten wir Sommer.

»Dann sperren Sie sie heute Nacht besser ein! Bei mir stand vorhin ein Fuchs auf der Terrasse. Etwas an seinem Benehmen gefiel mir nicht. Mein Hund hat ihn verjagt.«

»Vielen Dank«, sagte ich und hängte ein.

Ich schüttete ein wenig Hafer in die Krippen und rief die Pferde herein, während ich mit der Hand auf die leere Haferschüssel schlug. Cashel kam zuerst, dann das Fohlen. Colleen zögerte noch. Sie sah nicht so recht ein, warum sie kommen sollte. Das Gras auf der Weide war süß und schmackhaft. Doch schließlich merkte sie, daß sie allein zurückgeblieben war. Sie warf den Kopf hoch, wieherte und kam angetrabt.

In dieser Nacht schlief ich schlecht. Die üblichen Nachtgeräusche wurden durch ein merkwürdiges, helles Heulen gestört, das ich mir nicht erklären konnte. Die Pferde polterten im Stall, und einmal bellten die Hunde.

Doch am nächsten Morgen war alles wie sonst. Die Sonne schien. Tautropfen glitzerten an den Grashalmen, und die Pferde trotteten gemütlich auf die Weide, als ich die Stalltüren öffnete. Weit und breit schien alles in Ordnung.

Und trotzdem war ich unruhig. Ich sperrte die Hunde ins Haus und setzte mich an den Arbeitstisch. Von diesem Platz aus habe ich einen guten Überblick über den kleinen Weiher bis zu den Fichten und dem Dressurplatz auf der anderen Seite. Ich kann Reiher und Eisvögel beim Fischen beobachten, mich über die Gänsesäger freuen, die sich ab und zu dort niederlassen, oder den kleinen Wieseln zusehen, die unter dem Apfelbaum spielen. Immer wieder sehe ich etwas, das mich von der Arbeit ablenkt und von dem ich mich nur schwer losreißen kann. An diesem Morgen sah ich genau in dem Augenblick auf, als der Fuchs über die Staumauer wechselte.

Er schwankte ein bißchen, setzte unsicher Pfote vor Pfote, auf der schmalen Mauerkrone nur mühsam das Gleichgewicht haltend. Sein Rücken krümmte sich nach oben. Die buschige Rute hatte er eingezogen.

Kaum war er am diesseitigen Ufer angekommen, stürzte er ans Wasser und biß hinein. Es schien, als habe er Durst und könne nicht schlucken. Er lief ein paar Schritte auf dem schmalen Wiesenstreifen zwischen Haus und Weiher entlang, stürzte abermals zum Wasser und versuchte es mit an Wut grenzender Verzweiflung zu zerfleischen. Dann hob er den Kopf und gab ein helles Jaulen von sich, in dem aller Jammer der Welt zu liegen schien.

Mir blieb das Herz stehen vor Schreck.

Die Hunde waren im Haus eingesperrt, aber die Pferde waren draußen. Ich hatte sie zwar gegen Tollwut impfen lassen, aber die Leute erzählten sich, daß der Amtstierarzt die gesetzlichen Bestimmungen sehr genau nähme. Wenn die Impfungen nicht in einem festgelegten Zeitraum wiederholt wurden, waren sie ungültig, und dann verlangte das Gesetz, daß die Tiere, die mit einem nachweislich tollwütigen Fuchs in Kontakt gekommen waren, getötet werden mußten.

In diesem Augenblick, während der Fuchs am Ufer stand, konnte ich mich nicht daran erinnern, ob ich die Impftermine auch wirklich eingehalten hatte.

Immer wieder sprang er mit den Vorderläufen in den Weiher. Manchmal biß er zu, und wenn er den Kopf wieder hob, lief ihm das Wasser aus dem Maul.

Ich rief einen Jäger an.

»Komm sofort, bitte! Hier ist ein kranker Fuchs!«

»Dein Anwesen gehört nicht zu meinem Jagdgebiet«, erklärte er mir. »Ich darf da nicht schießen.«

»Ach bitte, das ist ein Notfall!«

Doch erst, nachdem ich ihm zugesagt hatte, bei dem für mein Gebiet zuständigen Jagdpächter eine Abschußerlaubnis einzuholen, versprach er mir zu kommen. Während ich telefonierte, erschien der Fuchs direkt vor dem Fenster meines Arbeitszimmers. Er kletterte auf die dort aufgestellten Blumenkästen und versuchte mich durch die Glasscheibe anzugreifen. In seinen Augen stand Zorn, Schmerz und Verzweiflung. Ich sah in den offenen Rachen. Die wütend gebleckten Zähne schlugen gegen das Glas. Von Lefzen und Zunge tropfte Geifer. Sein Fell war fleckig, wie von Motten zerfressen. Dann gab er plötzlich auf. Er sprang auf den das Haus umgebenden Betonstreifen und rannte zurück.

Du liebe Zeit, schoß es mir durch den Kopf, jetzt haut er ab, bevor der Jäger kommt, geistert noch ein paar Tage herum und steckt andere Tiere an, bevor er verendet.

»He!« schrie ich.

Kaum hatte mich der Fuchs entdeckt, drehte er um und griff an. Doch seine Bewegungen waren langsam.

Lautlos, mit aufgesperrtem Rachen und gebleckten Zähnen machte er einige Sätze auf mich zu, doch bevor er mir gefährlich werden konnte, rannte ich ins Haus und schloß die Tür. Wieder kehrte er um, und wieder zeigte ich mich ihm und veranlaßte einen Angriff.

Dann kam der Jäger. Sein Schuß traf den Fuchs, als er gerade die Staumauer überqueren wollte. Er schleuderte ihn auf der anderen Seite in den Bach.

Als ich hinlief und nach ihm sah, war er schon tot.

Das 25. Kapitel handelt von Begonia und von einem Diebstahl.

In jenem Sommer, in dem Colleen fünfzehn Jahre alt wurde und in dem die Sache mit dem Fuchs passierte, kaufte ich eine dreijährige peruanische Pasostute.

Ich hatte in den letzten Jahren an Colleen gesehen und in meinem Rücken gespürt, daß die Zeit verging und wir beide älter geworden waren. Manchmal waren die Rückenschmerzen unerträglich. Ich schlich in den Stall oder über die Wiesen und ächzte vor mich hin. An Reiten war nicht zu denken.

Da erinnerte ich mich an eine große internationale Pferdeschau, auf der zum ersten Mal peruanische Pasos gezeigt wurden. Ich hatte Gelegenheit, zu beobachten und auszuprobieren, wie ruhig und erschütterungsfrei der Reiter im Sattel saß, und war voller Bewunderung für ihre hübsche Erscheinung gewesen. Die Köpfe mit den leicht nach außen gebogenen Nasenrücken zeigten, daß ihre Vorfahren aus dem Orient und aus Spanien gekommen sein mußten, und die überlangen Mähnen und Schweife gaben ihnen etwas Hexenhaftes, Verzaubertes. Damals hatte ich schon tief innen, still für mich beschlossen, mir später einmal ein solches Pferd zuzulegen. Mit ihm könnte ich auch noch im hohen Alter Feld-Wald-und-Wiesen-reiten. Aber keinen Augenblick kam es mir in den Sinn, eines der beiden anderen Pferde dafür herzugeben. Daß dann wieder drei Pferde den Stall bevölkern würden, verdrängte ich einfach.

Meine Rückenschmerzen erinnerten mich daran, daß es an der Zeit war, diesen Entschluß in die Tat umzusetzen.

Und so kam Begonia zu uns; zu Colleen, Cashel, den Hunden und mir.

Nachdem ich sie hergebracht hatte, stand ihr ein schweres Jahr bevor, denn Colleen zeigte ihr gegenüber die ganze Macht einer langjährigen Herrschaft. Sie schlug sie hinaus, weil es ihr nicht paßte, daß eine fremde Stute mit ihr aus einer Raufe fraß, und sie wies sie draußen zurecht, wenn Begonia ihr zu nahe kam. Es wäre unrecht gewesen, ihr das übel zu nehmen, denn ihre Herrscherzeit betrug inzwischen dreizehn Jahre. In diesem Zeitraum hatte sich ihre Position gefestigt, und jeder Neuling mußte ihr untertan sein, ob er wollte oder nicht.

Irgendwann einmal riß mir der Geduldsfaden. Ich ließ eine zweite Selbsttränke einbauen und sperrte die Pferde nachts ein. Das war sowieso besser, denn in unserer Gegend regnet es oft wochenlang. Dann kann es auf den Bergen schneien, und die Luft wird sehr kalt. In diesen Nächten stand Begonia oft draußen und zitterte vor Kälte. Das sah ich nicht lange mit an. Ich machte nachts die Stalltüren zu. Nur an schönen, warmen Tagen ließ ich sie aus- und eingehen wie sie wollten.

In so einer schönen, warmen Nacht wurden die Pferde gestohlen. Ich wachte auf, weil die Briardhündin Simba bellte. Vorne an der Straße wendete ein Auto.

»Ach, sei doch still!« fuhr ich Simba an. Böse knurrend, mit gespitzten Ohren stand sie mitten im Zimmer und horchte.

Die ersten Vögel hatten mit ihrem Morgenkonzert begonnen. Draußen wurde es langsam hell.

An dieser Stelle wenden ab und zu Autofahrer. Ob ihnen eingefallen ist, daß sie etwas vergessen haben, ob sie sich anders besinnen und die Fahrtrichtung ändern, ich weiß es nicht. Sie werden schon einen Grund haben. Simba bellt immer, wenn das passiert, und darum schenkte ich ihrem Gebell auch dieses Mal keine Beachtung.

Nachdem das Auto weitergefahren war, lauschte ich eine Weile, aber außer dem Gezwitscher der Vögel hörte ich nichts. Da drehte ich mich auf die andere Seite und schlief gleich wieder ein.

Zwei Stunden später stand ich auf. Die Sonne schien. Es würde ein schöner Tag werden. Ich ließ Simba hinaus und richtete das Frühstück.

Auf einmal klopfte es an die Türe. Ein Mann stand draußen.

»Vermissen Sie drei Pferde?« fragte er mich.

»Nein«, sagte ich und sah zur Weide hinüber. Aber weder Colleen noch die anderen beiden ließen sich blicken. »Meine Pferde sind im Stall«, behauptete ich mit fester Stimme. »Das müssen andere sein. Es gibt ja noch mehr in der Gegend.«

»Aber Sie haben doch zwei Schimmel und eine Braune?« Der Mann war hartnäckig.

»Ja«, sagte ich.

»Weil ein Schimmel und eine Braune dort hinten an einem Zaun angebunden sind.« Er deutete mit einer vagen Handbewegung nach Norden.

»Ein kleiner Schimmel läuft frei herum. Sind Sie ganz sicher, daß das nicht Ihre Pferde sind?«

Jetzt war ich mir nicht mehr sicher. Ich rannte zum Stall. Er war leer. Dann zum Schuppen – dort sollten die Halfter an einem Haken hängen. Sie waren weg.

Da wußte ich, daß es meine Pferde waren, die irgendwo weiter nördlich an einem Zaun festgebunden waren. Ich rannte den Weg an dem kleinen Bach entlang, der die Säge im Dorf antrieb. Mein Herz klopfte wie rasend. Mein Gott, dachte ich, Colleen läuft frei, wenn da etwas passiert. An schönen Tagen fahren auf dieser Straße viele Autos von der

Stadt in die Berge. Mein Gott hilf, daß sie vernünftig ist! Ich steigerte mich in eine grenzenlose Wut hinein. Am Rande des Weges, da, wo die weiche Uferböschung beginnt, waren deutlich frische Hufspuren zu erkennen. Mein Gott, wenn ich die erwische, die das getan haben . . . Ich hegte Mordgedanken.

»He, was ist los?« rief mir ein Bauer nach, aber ich hatte nicht mehr genug Atem übrig, um ihm zu antworten.

Schnatternd flüchteten ein paar weiße Enten vor mir ins Wasser. Als ich an die von dem Mann bezeichnete Stelle kam, standen Cashel und Begonia ruhig da und bissen auf der Zaunstange herum, an der sie angebunden waren. Drei oder vier Männer vom nahen Campingplatz gafften sie an, so als hätten sie noch nie in ihrem Leben Pferde gesehen. Colleen lief frei. Sie fraß das schmutzige Gras am Straßenrand. Es schien ihr sehr zu schmecken. Etwas unwillig ließ sie sich einen Führstrick um den Hals legen.

»Wie kommen Ihre Pferde hierher?« fragte mich einer der Zuschauer. Er hatte ein rotes Gesicht. Das buntbedruckte Freizeithemd spannte sich über seinem Bauch. Darunter trug er eine rote Jogginghose.

»Das weiß ich auch nicht«, entgegnete ich etwas unwirsch. Es war mir nicht nach Erklärungen zumute.

Dann nahm ich den Strick, an dem Cashel und Begonia festgebunden waren, in die eine und Colleens Halsschlinge in die andere Hand und führte sie heim.

Als ich mit ihnen durchs Dorf kam, sprach mich die Ev, eine junge Bäuerin, an.

»Habens Dir die Pferd gestohlen?« fragte sie, und als ich nickte, fuhr sie fort: »Ich hab' in der Früh das Getrappel gehört und rausgeschaut. Zwei Reiter waren's. Sie ritten Cashel und die Neue. Colleen lief frei auf der Straße. Ein paarmal mußten Autos scharf bremsen wegen ihr. Die ritten so frech durchs Dorf, daß ich annahm, du hättest es ihnen erlaubt.« Die Ev kennt meine Pferde gut. Sie hat als Kind oft Colleen geritten und besitzt selbst einen Connemarawallach.

Ich schnaubte vor Zorn, Begonia wurde gerade an den Sattel gewöhnt, Cashel scheute heftig, und Colleen hätte leicht einen Unfall verursachen können.

Aber es war nichts passiert.

Später, als die Polizei kam, rekonstruierten wir den Weg, den die Diebe genommen hatten. Zuerst hatten sie den Elektrozaun durchtrennt und vorsichtig ein paar Zaunstangen abgelöst. Dann hatten sie Halfter und Stricke aus dem Schuppen geholt und den Pferden angezogen. Nur Colleen hatte sich offensichtlich nicht fangen lassen. Sie hatten mit den Pferden den Bach und den Wald hinter dem Haus durchquert und waren von da auf dem kleinen Fahrweg zum Dorf geritten. Das alles muß um fünf Uhr in der Frühe gewesen sein. Entdeckt hat man die Pferde um halb acht. Welchen Weg sie in der Zwischenzeit zurückgelegt hatten, war nicht herauszufinden.

»Sie werden einen vergnügten Ritt gemacht haben«, sagte ein Polizist.

»Wieso vergnügt?« fragte ich erstaunt.

»Ja, wissen Sie nicht, heute ist doch Himmelfahrt, und Himmelfahrt ist Vatertag, da spielen viele Leute verrückt.«

Jetzt wurde mir einiges klar.

Aber wütend war ich trotzdem.

Das **26.** Kapitel handelt von einem »Roß-Tag«.

Colleen war nun schon neunzehn Jahre alt.

Ich hatte sie in den letzten Jahren nur noch selten geritten. Sie war so einfach zu reiten, daß sie zum Lieblingspferd der Kinder wurde, die mich begleiteten. Ihr ruhiges Wesen gab ihnen Sicherheit, und sie spürten schnell, daß sie ihr vertrauen konnten. Auch vielen von meinen erwachsenen Freunden hatte Colleen die Angst vor dem Reiten genommen, und einige andere hatte sie schlechte Erfahrungen vergessen lassen. Sie hatte den Umgang mit Menschen gelernt.

Dieser Sommer war besonders schön. Dort, wo die hohen Stauden der Wiesenkönigin das Ufer des Weihers freigaben, rankte sich gelbes Pfennigkraut in dicken Polstern über die Böschung. Am Zaun entlang und an der Schuppenwand wucherten lilablühende Pfefferminzbüschel neben Bärenklau und Kohldisteln. Einige Siebenschläfer hatten die Haferkiste erobert. Sie hatten ein Loch in die Seitenwand genagt und nützten diesen freien Zugang zu dem für sie so köstlichen Hafer. Die Haferkiste muß für sie so etwas wie ein Schlaraffenland gewesen sein. Wenn ich sie dort überraschte, starrten sie mich mit erschrockenen schwarzen Knopfaugen an, so, als bäten sie mich um Verzeihung. Vielleicht hofften sie auch, daß ich sie nicht bemerkte, wenn sie sich still verhielten.

Im August kam mit der Post die jährliche Einladung, mit einem Pferd am »Roßtag« teilzunehmen. Der »Roßtag« war so eine Art Pferde-Wallfahrt in einem bekannten Fremdenverkehrsort, der seinen Gästen zeigen wollte, daß und wieviele Pferde es noch in seinem Bereich gibt. Teilnehmen durfte jeder, der ein Pferd mitbrachte. Es war völlig gleich, was für eines es war, kleine Shetlandponys oder dicke, schwere Kaltblüter. Sie sollten geschmückt sein und geritten oder gefahren werden. Das war alles. Ich hatte bereits einige Male daran teilgenommen und immer Begonia geritten. Aber in diesem Sommer hatte Begonia ein Stutfohlen bekommen, und Benisa war noch zu klein, um sie längere Zeit allein zu lassen. Deshalb entschloß ich mich, Colleen zu reiten. Ingrid wollte uns begleiten.

Der Ritt sollte an einem Sonntag stattfinden. Am Samstagnachmittag wurde Colleen gewaschen. Sie war inzwischen so hell geworden, daß sie nur mit Wasser und Haarshampoo sauber zu bekommen war. Ich seifte sie ein, rubbelte mit den Händen Mähne und Schweif und spritzte sie anschließend mit dem Wasserschlauch ab. Ziemlich widerwillig ließ sie diese Prozedur über sich ergehen. Danach führte ich sie auf der Weide spazieren, damit sie schneller trocknete. Viel lieber hätte sie sich im Gras gewälzt, aber davon hielt ich nichts. Dann wäre die ganze Mühe umsonst gewesen.

Also ließ sie sich mit einem unfreundlichen, angewiderten Gesichtsausdruck hinter mir herzerren, aber ich blieb unerbittlich. Nachdem sie getrocknet war, bekam ihr Fell einen seidigen Glanz. Mähne und Schweif wurden locker und weich, und das ganze Pferd stank nach dem billigen Shampoo. Begonia und das Fohlen werden sich gewundert haben.

Am Abend richtete ich weiß-blaue Bänder her, die ich ihr in die Mähne flechten wollte. Rechts und links am Zaumzeug steckten kleine Strohblumensträußchen.

Früh am nächsten Morgen verlud ich Colleen in den Pferdeanhänger, packte Sattel und Zaumzeug in den Kofferraum meines Autos und fuhr los.

Zuerst mußten Ingrid und ihr Pferd Andi abgeholt werden, dann ging es ungefähr dreißig Kilometer am Rand der Berge entlang nach Osten bis zu einem bekannten See und dem Fremdenverkehrsort an seiner Südostspitze. Wir fuhren durch hübsche Dörfer mit alten Bauernhäusern und Zwiebelturmkirchen und später am See entlang, auf dem die ersten Segelboote kreuzten.

Unterwegs überholten wir einige schön geschmückte Gespanne: Blank geputzte, munter gehende Pferde vor prachtvollen, alten Kutschen. Seit einigen Jahren hatten wir unseren Standplatz bei einem Bauern. Dort luden wir die Pferde hinter dem Misthaufen aus, sattelten und schmückten sie. Während des Umzugs durfte das Auto dort stehenbleiben.

Wir saßen auf und ritten zum Sammelplatz. Dazu mußten wir den Ort durchqueren, an zwei Verkehrsampeln abbiegen, mit ausgestreckten Armen Zeichen gebend wie Radfahrer. Der Zug stellte sich in einer Uferstraße auf. Jeder Reiter und jedes Gespann suchte den ihm zugewiesenen Platz. Er war mit einer Nummer versehen, die den Kopfnummern der Pferde entsprach.

So ging alles reibungslos und ruhig vor sich, und es begann die lange Warterei auf den Beginn. In der Zwischenzeit liefen Hunde und kleine Kinder zwischen den Pferdebeinen herum, und es war ein großes Wunder, daß weder ein Kind noch ein Hund anstelle einer lästigen Bremse von einem Pferdehuf getroffen wurde. Aus der Ortsmitte tönte Blasmusik zu uns herüber. Einige Kurgäste fütterten die Enten am See, und an der Anliegestelle legten Ausflugsdampfer an, spuckten ihre Fahrgäste aus und stampften wieder davon.

Andi und Colleen waren ruhig. Sie spitzten die Ohren, interessierten sich für die vor und hinter ihnen wartenden Pferde und scharrten ab und zu auf dem Pflaster herum, weil sie lieber vorwärts gingen, als so lange herumzustehen.

Irgendwann setzte sich weit vor uns der Zug in Bewegung. Einige Fahnenreiter und die Kutsche mit dem Pfarrer, der die Pferde segnen sollte, machten den Anfang. Ihnen folgten eine Gebirgsjägerkompanie mit ihren hochbepackten Maultieren, danach kamen einige Ponygespanne und mehrere Viererzüge vor mächtigen Bierwagen.

Dazwischen immer wieder Reiter.

Wir ritten auf der Uferstraße entlang. Colleen trippelte mit hocherhobenem Kopf und gespitzten Ohren durch die Gasse der Zuschauer. Ihr schien das alles großen Spaß zu machen. Die vor uns gehende Fuchsstute tanzte nervös hin und her. Ihre Reiterin sah sich immer wieder ängstlich nach uns um, doch wir hielten unsere Pferde zurück. In unregelmäßigen Abständen standen Blaskapellen am Straßenrand. Die Bläser trompeteten und posaunten, als ob es um ihr Leben ginge. Ab und zu stockte der Zug. Das liebte Colleen gar nicht. Sie trat dann hin und her oder schlug mit dem Kopf, weil sie weitergehen wollte. Einer ihrer Mähnenzöpfe ging auf. Das weiß-blaue Band fiel auf die Straße, von wo es

sich ein kleines Mädchen holte. Überall klickten Fotoapparate.

Langsam bewegten wir uns durch den Ort und hinaus in offenes, durch einfache Holzzäune unterbrochenes Wiesengelände. Eingebettet zwischen dem Grasland und kleinen Waldinseln lagen prächtige Höfe, manchmal allein, dann wieder in Gruppen von zweien und dreien. Ein leichter Herbstwind blies uns den Duft von Pferdeschweiß und frischem Grummet in die Nasen. Über uns kreisten Drachenflieger. Still schwebten sie dahin, weit über dem Trubel des Festzuges. So lange es möglich war, folgten wir ihnen mit den Augen.

In einem kleinen Weiler stand die Kapelle, von der aus der Pfarrer mit seinem Weihwasserbesen die Pferde besprühte.

»Auf daß euch nichts Arges widerfahre!« sagte ein Zuschauer am Straßenrand und lachte.

Colleen schlug ihm ihre Schweifspitze ins Gesicht.

Das tat weh. Ich wußte es.

Verärgert drehte der Mann sich um und verschwand in der Menschenmenge.

Weit vorne bogen die Maultiere der Gebirgsjäger in eine Seitenstraße ein. Der Ritt ging seinem Ende zu. Das Ziel war eine große Wiese, die zu einem Gasthof gehörte. Dort standen Tische und Bänke. Die Reiter und Fahrer wurden zu einer Mahlzeit eingeladen, und für jeden gab es eine Erinnerungsgabe. In diesem Jahr war es eine bronzene Gürtelschnalle mit einem springenden Pferd. Eine Lautsprecherstimme stellte die einzelnen Gruppen und Gespanne dem Publikum vor.

Dann waren wir entlassen.

Es war ein schöner »Roßtag« gewesen.

Im Letzten Kapitel geht die Geschichte anders zu Ende, als ich dachte.

Dieses Buch war geplant, der Vertrag gemacht und das erste Kapitel geschrieben, da glaubte ich auch schon zu wissen, wie ich es enden lassen würde.

»Diese Geschichte hat einen guten Schluß«, wollte ich schreiben. »Immer noch galoppiert Colleen über die Weide vor meinem Haus, reibt sich ihren fetten Hintern an den tiefhängenden Ästen der Apfelbäume und kommt gleich angelaufen, wenn ich vor die Haustüre trete, um mich erwartungsvoll anzubetteln. Hoffentlich tut sie das noch viele Jahre!«

So hatte ich es vor, aber leider kam es anders.

Als ich im März von einer längeren Autofahrt heimkam und die Pferde versorgte, war alles wie immer. Cashel schrie voller Empörung, weil es ihrer Meinung nach höchste Zeit war, daß sie ihren Hafer bekam, und sie und Colleen rauften sich wie jeden Abend um den Vortritt an der Stalltüre. Begonia trottete gemächlich und uninteressiert hinterher, und Benisa konnte sich nur schwer entscheiden, wem sie folgen sollte, den Schimmeln oder ihrer Mutter. Ich nahm ihr die Entscheidung ab und schob sie in die Box zu Begonia. Alles schien in Ordnung zu sein.

Müde ließ ich mich mit einer Tasse Tee auf der Eckbank im Arbeitszimmer nieder, umgeben und eingelullt von den gewohnten Geräuschen des Hauses. Die Wasserpumpe sprang an, wenn eines der Pferde trank. Irgendwo trommelte ein Specht an die Holzwand. Die Mäuse veranstalteten ein Wettrennen über meinem Kopf auf dem Heuspeicher, und der Ofen in der Küche donnerte vor sich hin, damit ich später genug heißes Wasser für ein Bad haben würde. Ich war daran gewöhnt, daß ab und zu eines der Pferde gegen die hölzerne Zwischenwand schlug oder Benisa leise nach der Mutter rief. Doch dann auf einmal polterte etwas, und Cashel wieherte. Ihr Wiehern hatte einen merkwürdig anderen Klang als sonst. Ich fuhr hoch. Beim zweiten Mal stand ich auf und schaute durch das kleine Fenster über dem Stehpult.

Colleen lag festgeklemmt unter einer der Heuraufen. Ich lief hinaus, um ihr zu helfen, aber sie war zu schwer für mich. Auf meinen telefonischen Hilferuf hin kam ein junger Bauer. Zu zweit gelang es uns, Colleen zu befreien. Sie stand auf, schwankte ein wenig, starrte mich mit glasigen Augen an und wollte sich gleich wieder hinlegen.

Kolik.

Die rasch herbeigeholte Tierärztin empfahl mir, sie sofort in eine Klinik zu bringen.

»Warum?« frage ich erschrocken.

»Ileus-Verdacht«, sagte sie kurz. Ileus bedeutet Darmverschluß. »Sie muß operiert werden!«

Während der Untersuchung versuchte Colleen, sich immer wieder hinzulegen, woran wir sie nur mit Mühe hindern konnten.

Es war fast halb neun Uhr abends, und ich war nach der Bewältigung von über sechshundert Kilometern Autobahn ziemlich müde. Wer würde mir helfen? Bis in die Klinik waren es wieder fünfzig Kilometer, und mit der schwer kolikenden Stute wollte ich nicht gern allein fahren. Nach einigem Herumtelefonieren fand ich jemand, und um halb zehn Uhr stand Colleen in einer Pferdeklinik.

Der Chef untersuchte sie selbst.

»Sie ist nicht mehr die Jüngste«, murmelte er. »Sollen wir sie noch operieren?«

»Ja«, sagte ich.

»Dann lassen Sie sie da!«

Mach's gut, Colleen, dachte ich, aber ich war nicht sicher, ob sie es überstehen würde.

Und so verließ ich sie: Sie stand in einer großen Box unter Wärmestrahlern, die ihr rotglühendes Licht über sie ausschütteten. In ihrem Gesicht spiegelten sich die Schmerzen, und sie beachtete weder mich noch sonst jemanden in ihrer Umgebung.

Am nächsten Mittag wurde sie operiert. Ein Stück Dünndarm hatte sich um eine Fettgeschwulst geschlungen, und die Ärzte mußten einen Meter davon herausschneiden. In der darauffolgenden Nacht starb sie an Kreislaufversagen.

So schlimm der Tod Colleens für mich war – mit ihr war ein Abschnitt meines Lebens zu Ende gegangen –, so froh war ich, daß ich keine Entscheidung über ihren Tod treffen mußte. Ich habe alles getan, um ihr noch ein paar Jahre auf meiner Koppel zu ermöglichen. Es sollte nicht sein.

Schon lange vorher hatte ich den Plan gehabt, daß meine Freundin Monika Cronshagen, die Colleen gut kannte und sie auch geritten hatte, ein Bild von ihr malen sollte. Ich wollte es mir über den Schreibtisch hängen, so wie in England oft Porträts »bedeutender« Pferde die Salons ihrer Besitzer oder Züchter schmücken. Warum sollte nicht auch einmal ein »unbedeutendes« Pferd porträtiert werden?

Da starb Colleen, und Monika mußte neben ihrer Erinnerung Fotos zu Hilfe nehmen. So kam es, daß es eine jüngere Colleen ist, die sie darstellte. In den letzten Jahren war sie fast ganz weiß geworden. Nur das Erbstück ihres arabischen Großvaters, die Fliegentupfen, hatten sich vermehrt. Der weiche Rücken hing noch etwas mehr durch. Sie war immer noch zu dick, und ihre Hufe waren von vielen Huflederhautentzündungen vernarbt. Nur ihre Augen waren jung geblieben. Dunkel wie die Tümpel der irischen Moore und immer ein bißchen frech.

Zwei Monate später wäre sie zwanzig Jahre alt geworden.

EIN ORIENTALISCHER MÄRCHENROMAN

Sigrid Heuck
Saids Geschichte
oder
Der Schatz in der Wüste
mit Illustrationen aus dem
Skizzenbuch der Autorin
304 Seiten,
ISBN 3 522 16530 6

Auszeichnungen
Dt. Jugendliteraturpreis
Auswahlliste 1988
Intern. Staatspreis
(Österreich) Auswahlliste
Rattenfängerpreis d. Stadt
Hameln – Auswahlliste

Sigrid Heuck erzählt die abenteuerliche Geschichte von
Said, der aufbricht, um einen legendären Schatz in der
Wüste zu suchen. Er soll Reichtum und Glück bringen,
aber Said verliert auf seiner Reise beinahe alles.

„Anschaulich beschreibt Sigrid Heuck Schauplätze
und Personen, kunstvoll flicht sie fremde Begriffe und
arabische Wörter ein, ohne den Erzählduktus durch
Erklärungen zu unterbrechen. Ihr ist ein faszinierendes
Stück Literatur gelungen, das lustvoll zu lesen ist."

Heribert Beigel in DIE ZEIT

THIENEMANN